怪癖心理學

QUIRK PSYCHOLOGY

李娟娟 著

樂律

解開矛盾與混亂的心靈

透過自戀行為與內心掙扎的心理分析，
解析不同行為的背後動機，破解心理困局

探索內心深處，揭祕人性的複雜與矛盾
為何我們總是進退兩難？

走出心理迷宮，擺脫陰影的束縛
從痛苦中尋求快樂，面對糾結與衝突
發現隱藏的黑暗與光明，理解心靈深層的動機

U0087424

目錄

目錄

目錄

前言

一切都要按部就班，稍微有點變故，我就會抓狂；

細菌無處不在，所以我要反覆洗手，洗手，一天洗幾十遍還不夠；

這個傢伙明明也不缺錢，偏偏要到超市裡偷些不值錢的東西；

你見過說謊上癮的人嗎？他說謊並不是為了欺騙你，從你那獲得什麼好處，而是為了滿足自己的內心需求，因為他生活在謊言編織的世界裡；

……

以上這些心理、行為上的怪癖有沒有發生在你的身邊，甚至是你自己身上？人的內心世界是錯綜複雜的，既有光明的一面，也有陽光照不到的陰暗角落。由於種種因素，人的心理可能出現扭曲、失衡，而形形色色的行為怪癖就是人們內心世界失衡的表現。透過透視這些「怪癖」背後的心理機制，我們可以更好地認識自己、認識他人，了解這個千變萬化的世界。本書就是以此為出發點撰寫的。

書中呈現了讓自己和身邊人都痛苦不堪的強迫症心理，各式各樣的變態心理，如盜竊癖、偷窺癖、撒謊癖、露陰癖等，極端自戀心理，喜歡與人唱反調的叛逆心理，以及負面情緒驅

使下的各種怪異行為等等。作者運用專業的心理學知識揭示了
的「怪癖」背後的心理根源 —— 答案要回溯到的童年，尤其是
與父母的關係上。對問題追根溯源的過程，也就是讓內心世界
恢復平衡，重獲安寧與快樂的過程。

.

第一章　一步步將自己逼入死角
── 完美主義強迫症

計畫之外的變數

電影《混沌理論》（*Chaos Theory*）中的主角法蘭克・艾倫是一個奉行完美主義的人，不論是在工作中還是在生活中，他都十分注重做事的效率和計畫。法蘭克不允許意外發生，他的人生的每一分鐘、每一秒裡的每一件事情的發生都是他精心策劃和安排的。同時，法蘭克還是一個小有名氣的作家，他所撰寫的《五分鐘效率訓練》十分暢銷，頗受年輕人追捧。

法蘭克的妻子蘇珊和女兒傑西也按照法蘭克的要求過著「計畫人生」，生活中沒有一丁點刺激和新意。她們一直都覺得這樣的日子枯燥得令人崩潰。

一天，妻子蘇珊決定跟法蘭克開個玩笑，她本想將家裡的時鐘撥快十分鐘，看看法蘭克在計畫被打亂後的樣子，結果陰差陽錯之下，她不僅沒將時鐘撥快，反而撥慢了十分鐘。這十分鐘的意外徹底改變了法蘭克井然有序的生活，他的生活從此陷入了一片混亂之中。

按照原定計畫，法蘭克會按時起床並趕上早班輪渡，然後去一個講座，講座的主題就是「如何有效利用時間」。結果因為時鐘慢了十分鐘，法蘭克遲到了，這讓他心情很不好。在講座結束後，法蘭克破天荒地去了酒吧，他想透過喝酒來排解內心的鬱悶。

　　在酒吧裡，一個金髮美女主動和法蘭克喝酒聊天。這位金髮美女是法蘭克講座的聽眾之一，對法蘭克頗有好感。兩人越聊越投機，金髮美女甚至主動向法蘭克獻吻。就在這時，蘇珊打來了電話。這通電話讓法蘭克及時制止了自己的衝動行為。他意識到自己差點就出軌了，於是立刻離開了酒吧，準備開車回家。

　　在路上，一名孕婦違規駕車，為了躲避法蘭克的汽車而撞上了路邊的大樹。法蘭克無奈只好下車檢視，就在這個時候，孕婦突然要生了，於是他只能以最快的速度將孕婦送往醫院。到醫院後，情況十分危急，法蘭克只能按照醫生的要求留下了自己的聯絡方式。

　　第二天，法蘭克剛回到家中就被妻子蘇珊趕了出來。原來，蘇珊接到了醫院打來的電話，要求法蘭克去醫院將自己的孩子領回家，理由是那名孕婦在產下孩子後不久就私自離開了，面對無人接管的孩子，醫院只能按照法蘭克留下的聯絡方式聯絡上了他。蘇珊接到電話後以為法蘭克出軌還有了孩子，十分生氣，衝動之下，連給法蘭克解釋的機會都沒有，就將他趕出了家門。

　　對於法蘭克這樣一個一切以計畫為準的人來說，最近所發生的這一切超出計畫的事情，都令他焦慮不已。為了證明孩子不是自己的，法蘭克只能去醫院做親子鑑定。他希望親子鑑定的結果能讓自己的生活恢復到之前的狀態。

親子鑑定的結果顯示，孩子的確不是法蘭克的。但法蘭克卻一點也高興不起來，因為鑑定結果還顯示他的染色體異常，他患有不能生育的先天性柯林菲特氏症。那麼問題來了，7歲的女兒傑西到底是誰的孩子？

　　意識到妻子背叛了自己後，法蘭克十分憤怒和崩潰，他開始變得歇斯底里和神經質。他決定做些什麼來報復蘇珊的不忠，於是他到酒吧買醉，並和人打架，還買了一輛紅色哈雷摩托車，並騎著它在公路中間馳騁，這些事在他以前的認知中都是極其危險的。法蘭克還去觀看了冰球比賽，並在比賽現場裸奔。在工作中，法蘭克不再那麼冷靜睿智，他在講座中抓狂，並不斷否定自己曾經提出並堅信的「效率訓練」。講座結束後，法蘭克還接受了金髮美女的邀請。

　　放縱過後，法蘭克感覺心情好了許多，就回到了家中。在家裡，他發現了一張紙條，是一個名叫巴迪的男人留給他的。巴迪是法蘭克的朋友兼情敵，他告訴法蘭克，他是傑西的親生父親。在蘇珊與法蘭克結婚前，巴迪曾在一次偶然的情況下與蘇珊發生了性關係，實際上蘇珊也不知道傑西並不是法蘭克的親生女兒。

　　這個消息讓法蘭克再次崩潰，他離開了家，並將結婚戒指留在了家裡。不知該如何是好的法蘭克去商場買了一把獵槍，他想毀滅點什麼。巴迪得知情況後，在法蘭克失控之前，及時趕到了他的身邊。兩人一起坐船來到了湖中央，在一番激烈的

爭吵中，獵槍走火打漏了船。之後，兩人再次爭吵，並扭打著跌到了湖裡。兩人艱難地游到岸邊後，巴迪對法蘭克說：「如果你真的準備離開蘇珊、傑西，遠走他鄉，那你就是個大傻瓜！我當初愛的是蘇珊，但她選擇了你。我希望傑西能把我當成父親，但是在她心中你才是她的父親。她們愛的是你，我才是最可悲的。」

在經歷了一番痛苦的掙扎後，法蘭克決定回到蘇珊和傑西的身邊。蘇珊在得知傑西不是法蘭克的親生女兒後對他說：「孩子是你的，也許不是你親生的，但她是你的孩子。當傑西扁桃體發炎的時候，是你抱著她度過了三個發燒的夜晚。傑西會說的第一句話就是叫你『爸爸』。還有一次在郵局裡，你以為傑西走丟了，你在極度的恐慌中度過了 40 秒鐘。每天早上當你起床看到傑西時，你都會很開心。你愛傑西，傑西也愛你，我們是一家人，我們是親人。」

在傑西長大後，準備結婚的時候，新郎突然變得猶豫起來，他突然想起了傑西在與自己交往過程中的一次出軌行為，他開始擔憂起傑西是否會對自己忠誠。就在這時，法蘭克出現了，他看出了女婿的猶豫，於是跟他講起了自己的這段人生故事，告訴女婿自己也曾有過相同的境遇，傑西並不是他的親生女兒，但他不會因為一次意外就放棄自己的愛妻和女兒。最終，傑西的婚禮順利舉行。

對完美的追求，幾乎是每個人都有的一種心理狀態，因為

完美會讓人產生一種有序的心理體驗，這意味著穩定，而無序則意味著混亂。這就好比，人人都喜歡乾淨整潔的房間，沒有人會覺得亂糟糟、垃圾遍地的房間令人心情舒暢。但並不是所有人都有完美主義傾向，更少有人會患上完美主義強迫症。

有完美主義心理傾向的人，會像電影《混沌理論》中的法蘭克一樣，將生活中的一切事情都制定成計畫，並且嚴格按照計畫執行。只要一切都能按計畫來，那麼有完美主義傾向的人就會覺得一切都在自己的掌控之中，他會感覺安心，並且很容易在工作或學習中取得不錯的成績。但事實上，人生不會一直都按照計畫進行，總有變數於計畫之外。對於大多數人來說，計畫之外的變數是可以接受的正常現象，人們能在經歷變數之後盡快恢復到正常狀態。但對於有完美主義傾向的人來說，計畫之外的變數就是天大的災難，哪怕只是無傷大雅的改變，他們都會產生一種「糟糕透了」的感受，甚至會產生十分強烈的病態心理。

有完美主義傾向的人都堅信這樣一種理念，即只要努力就能改變一切，就能讓一切達到完美的狀態。因此有完美主義傾向的人都是努力型的工作狂，他們不會輕易浪費時間在娛樂上，而是長時間處於神經緊繃的狀態中，就好像一臺上了發條、永遠不會停止的機器一樣。例如史蒂夫·賈伯斯（Steve Jobs），他的信條就是：「一週工作 80 個小時，而且喜歡這麼做。」事實上，賈伯斯一週工作 90 個小時尚嫌不足。

　　在現實生活中，不完美到處存在，總會有意外發生。對於有完美主義傾向的人來說，他們會努力改善各種不完美的情況，但如果他們努力了，還是無法達到完美狀態，那麼他們就會產生強烈的受挫感，從而陷入痛苦和焦慮之中。

　　強大的精神壓力會使有完美主義傾向的人出現許多精神問題，例如憂鬱症、厭食症、焦慮症等。他們還很可能會透過酗酒等不良方式來排遣內心的苦悶。

　　人們常常將優秀與完美主義連繫在一起。許多取得巨大成就的名人都有完美主義傾向，他們會不停地朝著自己所制定的完美目標奮鬥，並且在這個過程中累積了許多成功的經驗。但和有完美主義傾向的人相處並不是一件容易的事情，甚至可能是一場噩夢。

　　有著完美主義傾向的人往往過度追求完美，他們會用十分嚴苛的標準給身邊的人制定規則，並且要求他們嚴格按照規則行事。當然，他們也會嚴格要求自己，是典型的嚴於律己，且嚴以待人。完美主義者對他人常常感到不放心，會覺得別人做事馬虎，從而喜歡過多干預他人行事。周圍的人在和完美主義者相處的時候，都會處於一種精神緊張的狀態中，唯恐自己出錯，因為一旦出錯，完美主義者就會以嚴厲的批評、失望的眼光、瘋狂的抱怨來對待他們，這會帶給他們極大的壓力。

再美也美不過想像

　　娜娜是一個 22 歲的女孩，她有嚴重的潔癖，常常不可控地反覆洗手、洗臉，已經達到了病態的地步。其實，潔癖也是完美主義傾向的一種表現。娜娜對自己的要求很高，她希望自己是個純潔、美好、善良的女孩，她尤其看重潔身自愛這一點，覺得女孩子就應該矜持。

　　為了緩解自己的潔癖，娜娜決定去看心理醫生。在路上，娜娜遇到了一個男人，立刻產生了十分強烈的想洗臉的衝動，因為她覺得這個人的樣子沾到了自己的臉上。其實，娜娜在家裡也會有類似的衝動，當她吃飯的時候，如果看到別人，特別是男性，她就會有強烈的嘔吐感，她害怕將對方的樣子吃下去。儘管娜娜一直告訴自己這只是想像在作祟罷了，但她就是無法控制自己。

　　心理醫生在了解了娜娜的基本情況之後，決定採用意象對話技術，來幫助娜娜挖掘隱藏在她內心深處的意象，並透過改變意象來幫助娜娜克服病態的潔癖。

　　意象對話技術是心理諮商治療中一種十分常見的治療方法。精神分析學派的鼻祖佛洛伊德（Sigmund Freud）和分析心理學大師榮格（Carl Gustav Jung）都很看重意象對話技術在心理治療中的作用。在他們看來，意象具有象徵意義，代表著一個人

內心深處的各種情感、欲望和念頭。比如，佛洛伊德認為蛇具有性的象徵意義，因為蛇的形狀與男性性器官十分相似。如果一個人夢見了蛇，那麼就說明這個人的心靈深處隱藏著性的欲望，而心靈深處則被稱為潛意識。除了做夢之外，意象對話技術也可以讓人的潛意識浮現出來。在現實生活中，一個人很難意識到潛意識的存在，但潛意識卻無時無刻不在影響著人們的行為。

首先，心理醫生引導娜娜進行放鬆。一個人只有在放鬆狀態下，他的潛意識才會浮出水面。然後心理醫生引導著娜娜進行想像。在娜娜的想像中，會出現許多不同的形象，這就是所謂的意象，不受意識的控制，會自己出現和改變，與做夢十分相似。這些想像中的意象和做夢時的意象一樣，都具有象徵意義。

在娜娜的想像中出現了兩個完全不同的形象，一個是最純潔的聖女，她身著白衣，看起來像個不食人間煙火的純潔仙子。另一個則是最骯髒的魔鬼，他身著黑色大氅，看起來陰暗而醜陋，還露出了十分邪惡的表情。娜娜告訴心理醫生，她一直覺得魔鬼和聖女本應該正邪不兩立，但他們卻說：「我們永遠不會分開。」

如果說聖女代表著善的力量，那麼魔鬼就代表著惡的力量。在人類社會中，善與惡雖然是對立的，但卻是共生的。也就是說，沒有惡就沒有善。人們總希望透過努力來消滅惡的力

量，甚至會在自身無能為力的情況下，試圖召喚「聖女」，藉助「聖女」的力量消滅「魔鬼」。但「魔鬼」的力量永遠不會被消滅，因為善與惡本就是一體的，「魔鬼」的背後有「聖女」的力量來源，「聖女」將自己的力量交給了「魔鬼」。「聖女」和「魔鬼」表面上雖然勢不兩立，但實際上他們是同謀。

對於娜娜來說，她不知道想像中的意象到底具有什麼象徵意義，就像一個普通人無法理解自己夢中那些光怪陸離的情景一樣。於是心理醫生將意象的象徵意義解釋給娜娜聽，告訴娜娜聖女與魔鬼同在。心理醫生決定引導娜娜進行一次全新的想像，在接下來的想像中，心理醫生會有意地改變娜娜的意象，從而達到改變其潛意識的目的。而這個全新的積極意象就是聖女與魔鬼同在。

在娜娜再次漸漸放鬆之後，心理醫生引導著娜娜想像一座房子。然後問娜娜：妳想像的房子是什麼樣的？有沒有開著門？娜娜說她看到了一棟沒有門的房子。心理醫生說：「房子一定有門，妳仔細找找看，不要著急。」但娜娜就是找不到房子的門，心理醫生在進行了三次反覆引導後，娜娜才終於看到了門。

在接下來的引導中，心理醫生引導著娜娜透過門進入房子中。娜娜第一次試圖進去，但沒有成功，不過在心理醫生的鼓勵下，她還是成功走進了房子裡。娜娜走進的房子很空，還有許多灰塵。於是心理醫生引導著娜娜再仔細看看房子裡面有什麼。娜娜說她看到了一架鋼琴，還有一尊聖母像。漸漸地，聖

母像動了，好像活了一樣。娜娜坐在椅子上，說自己突然看到了魔鬼，她很害怕。

發現娜娜突然變得緊張起來，心理醫生立刻告訴她：「放鬆，放鬆。妳就看看祂，祂是什麼樣子？」娜娜說：「魔鬼的臉上有許多血，祂就懸在半空中，嘴裡不停地詛咒著，我感覺祂的詛咒沾在了我的臉上，我想洗臉。樓上有許多死人骨頭，看起來既骯髒又邪惡。魔鬼現在正在用一口小鍋煮毒藥，毒藥沾到了我的手上，我想洗手。」

就在這時，心理醫生突然叫醒了娜娜，讓她回到了現實生活中，並讓娜娜留意周圍的環境，然後告訴她此刻她正在心理諮商室內，剛才的一切不過是她的想像而已，魔鬼不存在，毒藥也不存在，更別提會沾到她的手上了。雖然心理醫生並未改變娜娜想像中的原有意象，但這種突然的喚醒，也讓娜娜進入了真實情景中，幫助她學會區分現實與想像的不同，也有助於她的治療。

娜娜告訴心理醫生，她還是有強烈的想洗手的衝動。心理醫生問道：「妳覺得自己的手不舒服，是因為真的沾上了毒藥嗎？」娜娜回答說：「不是。」心理醫生繼續問道：「在妳的想像中，妳的手沾上了毒藥，但妳的真實感受到底是什麼呢？現在的妳正在心理諮商室內，妳要體會一下自己手部的真實感受。現在告訴我，妳能區分出想像和真實的感受嗎？」娜娜回答說：「在我的想像中，我的手沾上了魔鬼的毒藥。但真實感受卻是，

我正坐在心理諮商室內，手放在衣服上，感覺很舒服。」這說明，娜娜已經學會了區分想像與現實。這樣一來，每當她想像別人的樣子沾在她臉上或手上，產生洗臉、洗手的衝動時，她就可以試著將自己的注意力集中在現實中的真實體驗和感受上。

娜娜之所以會產生病態的潔癖，與她追求完美的心態是分不開的。娜娜想讓自己像聖女一樣純潔，因此無法忍受一切骯髒的東西，包括性在內。於是娜娜會壓抑內心的一切稍顯邪惡的念頭，這種壓抑並不會解決問題，反而讓她產生了許多心理障礙。如果娜娜能做到接受自己的不完美，承認自己不是聖女，並且不再壓抑性之類的欲望，那麼問題就會隨之消失。

完美主義強迫症的患者會追求極致的善、純潔和完美，不允許自己有一點不好的地方，從而將人性中邪惡的一面壓抑下去，於是各式各樣的心理問題就出現了。在他們的想像中，自己是完美的，那麼自己的另一半也必須是完美的，他們會想像出一個完美情人的形象，並且憧憬著一段完美的愛情。但這只能存在於他們的想像中，現實中不會有完美的愛情存在。現實世界永遠無法與想像的世界相媲美，因此他們會欺騙自己，將想像世界與現實世界混淆。

提起性，人們常常會聯想起本能和欲望。在完美主義強迫症患者心中，性則代表著骯髒，他們無法像普通人一樣去享受性生活，即無法自由地釋放自己的欲望和本能。他們會按照「完美」的標準來壓抑自己的欲望，但是越壓抑就越危險。

在《紅樓夢》中有一個十分純潔的人物形象，她就是妙玉。她和上述案例中的娜娜一樣也有很嚴重的潔癖，在劉姥姥進大觀園的時候，就因為劉姥姥用她的茶杯喝了茶，她就再也不肯要那茶杯了。身為一個帶髮修行的居士，妙玉對性的壓抑十分強烈，她在被劫之前曾有過「聽貓叫春而走火入魔」的經歷，由此可見她所壓抑的性在潛意識中是多麼強烈。

完美主義者通常很難遇到自己想像中的完美情人，為此他們會把偶像明星，甚至某個動漫人物當成自己的完美情人，這使得他們很難在現實生活中獲得愛情。因為當完美主義者將想像中的完美情人與現實中的戀愛對象進行比較的時候，會發現現實中的戀愛對象一無是處，無法達到自己的要求。即使完美主義者十分幸運，真的遇到了與想像中完美契合的情人，他也很難全身心地去享受愛情，因為他已經困在完美的枷鎖中太久了，以至於忘記了自己的真實需求。

裝在「強迫」裡的人

月月是一名在校大學生，同時還是一個被強迫症折磨了一年多的患者。在進入大學半年後，月月就開始出現潔癖行為，夏天時她一天得洗好幾次澡，這讓室友頗為不滿，因為月月長時間霸占著洗手間，影響了其他室友使用。月月則總是擔心洗手間很髒，在使用洗手間時小心翼翼，會反覆檢查和擦拭衛生器具，尤其是馬桶，生怕馬桶上的細菌沾到自己的衣服或皮膚上。當月月得知室友們的不滿情緒後十分難過，更加難以面對同學，總想休學回家。

一段時間後，月月發現自己很難集中注意力，很容易忘記自己曾經做過的事情，總是注意一些小小的細節。例如在用水的時候，她會將水龍頭開了又關，關了又開，這樣才能確定水龍頭是自己開啟的。在月月看來，只有自己開啟的水龍頭流出的水才是乾淨的，別人開啟的水龍頭流出的水都是髒的。

暑假很快到來了，月月本以為自己回家後情況就會漸漸好轉，但事實上並沒有。當月月回家後不久，她的父母就發現了女兒的強迫症行為，於是就帶著她去看心理醫生。

心理醫生認為月月的情況與家庭有密切的關係，因為月月的父母總是發生爭吵。在月月的母親看來，月月的父親不是一個好丈夫，特別小心眼，於是兩人經常吵架，她甚至坦言如果

不是看在月月的份上，早就和她爸離婚了。但在月月看來，她的父親卻是個好父親，對她百般寵愛。後來在心理醫生的建議下，月月父母的關係得到了改善，月月的症狀也有所緩解。但一個學期後，月月的強迫症又復發了，為此月月不得不放棄考試，休學在家並去看了心理醫生。

這一次月月換了一個心理醫生。心理醫生從月月那裡了解到，她對大學生活十分不滿，她甚至覺得自己所在的大學是最差的學校。月月非常不滿意學校的宿舍環境，不僅八個人擠在一個房間裡，還沒有冷氣，到了夏天讓人難以忍受。月月還不喜歡所學的科系，她一直有轉系的念頭，但學校不允許，為此月月甚至產生了退學重考的念頭，但父母不同意。

月月還提到了一個室友，她說自己的潔癖就是受到了這個室友的影響。這個室友也有潔癖，十分講究衛生，覺得什麼東西上都有細菌。月月與這個室友的關係不錯，在與她相處的過程中慢慢也有了潔癖。

與該室友相處久了，月月就發現她是個非常自私的人，常常會將髒東西放在別人的桌椅上或床上，有時候踩了別人的椅子連擦都不擦。月月開始擔心，該室友也會這樣對待自己。每次月月回宿舍，就會反覆檢查和擦拭自己的物品。

有段時間，學校裡流傳著一個謠言。相傳，一家商舖的衛生棉被老鼠咬開了一個洞，老鼠在衛生棉堆裡做了窩。商舖的女主人不捨得扔，就自己用了這些衛生棉。一段時間後，女主

人的肚子大了起來，結果檢查發現她的肚子裡有一窩小老鼠。當然這只是謠傳，是不可能發生的，月月也知道，但她還是很害怕。月月告訴心理醫生，她尤其害怕老鼠和蛇，每當看到老鼠和蛇的圖片時都會很難受，甚至只要聽到有人在說老鼠和蛇也會感到不自在。

　　心理醫生在了解了月月的基本情況後，斷定月月的強迫症起源於性恐懼。於是心理醫生開始詢問月月是否有過戀愛經歷。月月說，她曾和一個高中同學談過戀愛，但由於是異地戀，在大一上學期結束時兩人就分手了。不過這次分手並未帶給月月什麼不良影響。

　　月月最擔心的還是如何適應學校的生活，她也想過退學，但最終還是決定堅持到畢業。月月甚至想著每個週末都回家，但媽媽只允許她一個月回來一次。

　　最後心理醫生告訴月月，她的問題出現在性方面，她對性一直抱著恐懼的態度。在心理醫生看來，月月的所有症狀所代表的象徵意義都與性相關，例如水龍頭有象徵男性生殖器的意義，反覆開關水龍頭的動作與手淫很相似，之所以會反覆洗手是因為覺得手髒了。此外，月月非常恐懼的蛇也具有類似的象徵意義。月月還提到了老鼠窩與懷孕的謠言，這個謠言也帶著性意味。

　　月月之所以會有性恐懼，與她所受到的家庭教育密切相關。在月月的父母那裡，性是個諱莫如深的話題，他們甚至還灌輸

性是不好的東西的觀念給月月。月月的父母之所以經常發生爭吵，就是因為父親總是懷疑母親出軌，只要母親與別的男性打電話，父親就會和母親爭吵。父親雖然很寵愛月月，但對她的管教卻十分嚴格，絕對不允許她與男生接觸。有一次，月月和幾個同學一起外出旅遊，除了幾個女同學外，還有幾個男同學。父親得知後，用一種充滿敵意的目光盯著月月的男同學。

父親的影響讓月月認為性是不好的，是不能碰的。即使隨著年齡的增長，月月開始覺得父親的觀點有些偏激，她甚至好幾次都覺得父母之間的爭吵完全是因為父親的無理取鬧，母親根本不是父親所想像的那種會出軌的人，但為了不惹父親生氣，月月總會壓抑自己的想法。在月月的意識中，她不會將水龍頭、潔癖、蛇與性恐懼連繫起來，但在她的潛意識裡，她一直受到性恐懼的暗示。

父母的言行舉止對我們的影響非常大。每個人都有這樣的體驗——被父母嘮叨過。雖然隨著年齡的增長，我們會漸漸忘記嘮叨的內容，但我們會一直深受這種嘮叨的感染，從而產生一種心理暗示，這種心理暗示就藏在我們的潛意識裡，我們會在不知不覺中被它影響。

如果一個人從小就被父母教導著必須成為一個優秀的人，任何事情都要做到完美。那麼，這個人就極有可能會成為一個完美主義者，他會反覆地，甚至強迫性地追求完美，他最大的願望就是能讓一切都按照自己的期望來進行。例如，一位有完

美主義傾向的母親，不論是做家務還是教育孩子都按照完美的標準來施行。漸漸地，她的孩子開始出現追求完美的苗頭，在學習畫畫的時候，只要畫錯了一筆，就會不停地哭。

月月的父親很可能只是想讓女兒成為一個潔身自好的女性，但他頗為偏激的方式讓月月產生了性恐懼，從而陷入了病態的強迫行為中。漸漸地，月月成了一個被裝在「強迫」裡的人，她的學習和生活已經被強迫行為干擾得無法正常運轉。如果不是心理醫生幫她分析，月月或許永遠無法將性恐懼與強迫症連繫起來。

強迫行為除了會打亂一個人正常的生活外，還會使一個人產生憂鬱傾向，有不少強迫症的產生都會伴隨著憂鬱症的出現。這種常人難以理解的痛苦，會使一些患者產生透過死亡來獲得解脫的念頭。調查顯示，當強迫症狀與憂鬱情緒共同出現時，患者可能會出現自殺行為。

完美主義強迫症與潔癖有著十分密切的連繫。當然除了潔癖外，也會有其他許多表現形式，不過潔癖是出現頻率最高的。表面上看起來，強迫症患者的潔癖表現是害怕不乾淨的東西，實際上他們是在進行內在的自我保護。

當然，對完美主義的追求本身並不是錯誤的。健康的完美主義會為一個人帶來滿足感或創造感、貢獻感，通常情況下，完美主義被與高標準、高期望連繫起來。可是當完美主義不健康，甚至呈現出病態的時候，對完美主義的追求就會帶來無盡

的痛苦，會讓人產生極大的挫折感。健康的完美主義能促進一個人走向成功，會使一個人在辛苦工作和克服困難中體會到真正的快樂；而病態的完美主義根本無法讓人從工作中獲得快樂，在完美主義強迫症患者看來，所有事情都有瑕疵，無論是他人還是自己都沒能盡全力，所以他們永遠無法獲得滿足與快樂。

欲罷不能的強迫行為

「火柴人」是一句美國俚語，是指能讓人掏心掏肺外加掏錢的騙子。一個厲害的火柴人，即使他只有一盒火柴，也會透過十分高明的騙術讓火柴的效能遠遠超過它本身所擁有的功能，從而讓許多人拿著現金搶著購買火柴。在電影《火柴人》（*Matchstick Men*）中，羅伊・華勒（Roy Waller）就是這樣一個騙術高超的騙子，他聰明而且大膽，利用人們愛占便宜的心理獲得了大量的不義之財，而且他的騙術一直在不停地變化著、翻新著。同時，羅伊還是個強迫症患者，他有潔癖，還害怕日光。羅伊有一個默契的搭檔，名叫法蘭克・默瑟（Frank Mercer），羅伊對法蘭克可謂百分之百的信任。

羅伊的私生活十分糟糕。他與妻子離婚 15 年了，一直獨自一人生活，陪伴他的只有一條塞滿了鈔票的雕塑狗。羅伊害怕日光，每次出門都會戴著深色眼鏡，不然就會出現頭暈的症狀。羅伊有強迫性關門的習慣，每次開關門都要數三下；還有強迫性潔癖，不允許自己的房間裡出現任何一絲不整潔的情況，當看到游泳池裡有兩片樹葉時都會立刻撈起來。種種強迫行為已經嚴重影響了羅伊的生活，他只能去看心理醫生。

心理醫生在了解了羅伊的基本情況後，幫他開了藥，並讓羅伊相信只要吃藥症狀就會減輕。吃過藥後，羅伊的強迫行為

的確有所緩解，可一旦他不及時吃藥，他的強迫性的症狀就會加重，他就會瘋狂地打掃自己的房間。諷刺的是，心理醫生給羅伊開的藥都是假的，根本不是針對他的病症，羅伊服用後之所以會產生症狀減輕的感受，是因為他的強迫性行為都是心理因素在發揮作用。

對於自己的詐騙行為，羅伊雖然一直聲稱這是一門藝術，被害者都是在他的說服下主動將錢給他的，他既沒偷也沒搶。但實際上，在羅伊的內心深處，他一直在為詐騙而承受道德譴責。他雖然得到了許多錢，但並不快樂，反而更加孤獨和空虛，因此才會出現強迫症。

一次，羅伊打翻了所有的藥，恰巧當時他的心理醫生正在外度假，於是羅伊只能臨時找了另一個心理醫生。在治療過程中，羅伊意外得知自己和前妻有一個女兒，名叫安吉拉，這個14歲的女孩開始介入羅伊的生活。

羅伊體會到了正常人的生活，開始覺得這樣的生活才能讓他覺得快樂和滿足，遂產生了金盆洗手的念頭。但後來安吉拉意外知道了羅伊是個騙子，她對騙術產生了極大的興趣，並威脅羅伊教授她各種騙術。安吉拉非常聰明，很快就成了羅伊的得力助手。在第一次騙人計畫成功後，安吉拉得到了一些錢。就在安吉拉十分高興的時候，羅伊提出讓她把錢退回去，他只希望女兒能體會一次騙人的樂趣，但並不想讓女兒和自己一樣成為一個騙子。

在一次共同行動中，羅伊、法蘭克和安吉拉的騙術失敗了，被欺騙的胖子發現錢被調包後十分生氣，一直追趕這三個騙子，不過羅伊三人最後還是僥倖逃脫了。這次的經歷讓羅伊下定決心結束騙子生涯，就在他準備爭奪安吉拉的撫養權時，胖子找上了門。在混亂之中，安吉拉殺死了胖子。

　　面對這種突發狀況，羅伊迅速做出決定，找來了法蘭克，讓他帶走安吉拉，自己留下來承擔所有的責任。安排好一切後，羅伊回到家中準備處理屍體。就在這時，羅伊遭到襲擊，喪失了意識。

　　羅伊醒來後，發現自己躺在醫院中，旁邊是警察，警察讓羅伊交代安吉拉和法蘭克的下落。羅伊拒絕交代，並且以自己患病為由要求見他的心理醫生。在和心理醫生見面後，羅伊悄悄告訴了他保險櫃的密碼，那裡有羅伊的全部財產，他囑咐心理醫生一定要如實轉告安吉拉。

　　等心理醫生走後，羅伊終於鬆了一口氣。不久，羅伊開始覺得熱得難受，於是就請警察開啟冷氣。但根本無人理會羅伊，羅伊只能下床去看看，等羅伊走出房間後才發現一個人也沒有，他並不在醫院裡，這裡只是一個普通的空房間，被假扮成醫院病房。羅伊立刻去找前妻，他從前妻那裡得知，他們根本沒有孩子。這時羅伊才恍然大悟，他上當了，他所有的積蓄都被騙走了，他成了一個身無分文的窮光蛋。原來這是法蘭克布下的一個騙局，目的就是得到羅伊的保險櫃的密碼，從而得

到羅伊的所有財產。至於安吉拉，她根本不是羅伊的女兒，只是法蘭克實施騙局的一枚重要棋子而已。

法蘭克雖然不如羅伊聰明，但卻比羅伊更無情，不然也不會利用羅伊的信任以及對親情的渴望來布下這個大騙局。

從此以後，羅伊徹底金盆洗手，因為他明白了自己真正想要的幸福是什麼，他想要做一個平凡的好人。於是羅伊與前妻復婚，有了一個幸福美滿的家庭，他開始變得快樂起來，之前困擾他的強迫症也隨之消失了。

一年之後，羅伊與那個欺騙他的女孩意外相遇。羅伊不僅沒有斥責、拆穿她，反而像以前一樣和她聊天。在臨別前，女孩問羅伊：「難道你不想知道我的名字嗎？」羅伊說：「我已經知道你的名字了。」女孩愣了一下後笑著對羅伊說：「我還會來看你的，爸爸。」

最後羅伊回到了家中，他的妻子正在廚房忙碌，桌子上擺滿了美味的飯菜。羅伊從背後抱住妻子，然後俯身去聽妻子肚子裡胎兒的心跳聲。

雖然羅伊被安吉拉、法蘭克騙走了所有的財產，但他卻得到了靈魂的救贖，他也因此擺脫了內心的陰影和矛盾，開始變得快樂起來，他的強迫症也隨之消失無蹤了。

提起強迫症，我們往往會聯想到一些「板正」到有些可笑的行為，例如東西必須得擺成直線，走路必須順著地磚的格子走

等等。不少電視劇中，也會利用強迫行為營造出喜劇的氛圍，甚至網上常常會出現一些聲稱會逼死強迫症的圖片，比如故意將一些物品擺放在桌子的邊緣處。但強迫症並非常人想像的那麼輕鬆，它是一種精神障礙，會為患者的生活帶來極大的痛苦，有些患者甚至因無法承受這種痛苦而選擇了自殺。

與焦慮症、憂鬱症等精神障礙不同，強迫症更為複雜，治療起來也更加困難。強迫症之所以會讓患者覺得痛苦，相當程度上是因為患者有強迫和反強迫的意識，當這兩者並存的時候，就會讓患者處於一種左右為難、自我廝殺的痛苦之中。他們明明知道自己的強迫性想法或衝動是自身的問題，是病態的，想要壓抑下去，但根本無法控制自己。例如有的強迫症患者有潔癖，對病菌很敏感，總會反覆洗手，明明知道這樣做毫無必要，但還是忍不住去做；遵守特殊的順序通常也會出現在強迫症患者的身上，例如穿衣、清洗、吃飯和走路等行為必須得按照自己的順序來，不然就會覺得痛苦不堪；還會經常做一些毫無意義的反覆性行為，例如反覆檢查門窗、電燈、煤氣的開關，以及財物、檔案、表格、信件等。

最讓人難以理解的是強迫症患者的怪癖聯想能力，當他聽到某一句話時，他就會不斷地進行聯想，很難停下來。小強是一個強迫症患者，他最苦惱的就是自己總是忍不住對某事進行瘋狂的聯想，一聯想就停不下來，根本無心做其他事情。例如當小強看到一部手機，他就會開始想手機有什麼用，上課玩手

機會有什麼後果，買手機得花多少錢，父母是否會同意，如果不同意自己有什麼辦法等等。他會一直進行聯想，即使很累也無法停下來。小強也想控制自己，但沒什麼效果，反而會覺得非常痛苦。不過如果有人強行打斷他的聯想，他還能做到就此終止聯想。

強迫症常常與反覆的行為連繫起來。其實在童年時期，我們每一個人都會出現反覆性行為，例如總是喜歡反覆做一件事情，可是在成年人的眼中，這種反覆性行為是極端無聊的。隨著年齡的增長，我們會漸漸摒棄反覆性行為，可是當一個人處於高壓狀態下時，他就會產生一種反覆做某事的衝動，在極端情況下就會發展成為強迫症，就好像電影《火柴人》中的羅伊一樣。羅伊就是因為內心中譴責自己的行騙行為，才出現了強迫症。

當然，在確診強迫症的時候，不能輕易對號入座，不能因為只有一些簡單的反覆性行為，就認定自己有強迫症。通常情況下，強迫症會嚴重影響患者的生活，逼迫他們將大量時間浪費在反覆性行為上，不僅會讓患者的做事效率急遽下降，還會給患者的社交能力帶來損害。

反強迫也是強迫症的一個顯著特徵。當強迫性行為發展到病態的程度時，患者自己也無法忍受，於是就會產生極力擺脫強迫性行為或想法的衝動，但由於他們無法自制，因此會感覺十分痛苦。有的強迫症患者能在公開場合盡量避免出現強迫行

為，但當他獨處時，強迫性想法或行為會變得更加強烈。

　　提起自殺，我們常常會想到憂鬱症，但實際上，許多強迫症患者也會出現自殺行為。對於強迫症患者來說，他們會產生一種十分強烈的受挫感和無能感，因為他們在反強迫的過程中會意識到自己很沒用，甚至無法控制自己的思維和行為，從而產生痛苦和絕望。一名留學生就曾因忍受不了強迫症的折磨而自殺，她留下的遺書中有這樣一句話：「不要救我，我太痛苦了。」

摒棄病態的完美主義

　　賈女士在一家企業擔任出納一職，她有著豐富的經驗，工作態度也十分認真，在任職的 20 多年內從來沒有出過差錯。最近一段時間，家人和同事漸漸發現賈女士對工作更加認真謹慎了，甚至已經達到了病態的地步。有一次，一位同事從賈女士手中取走了 3,000 元現金。取錢時，賈女士就反覆數了五遍，在交給對方後還不停交代，讓對方看看數目是否正確。後來，這名同事離開後，賈女士依舊不放心，開始打電話給對方確認，甚至還專門跑到對方的家裡去確認。

　　回到家裡，賈女士的大腦也不會閒著，她會不停地回憶當天的工作場景，從而確認自己當天是否出錯。賈女士通常會反覆回想三五遍，這浪費了她大量的時間，使得她在工作時變得力不從心，工作效率明顯下降。一段時間後，賈女士再也無法勝任工作，只好在家中休息。

　　但賈女士並未在家中好好休息，而是開始強迫性地反覆洗手，她覺得自己的手經常數錢，沾了許多細菌。起初賈女士只是洗一個小時，漸漸發展成了兩個小時、三個小時，她的雙手已經被洗得泛白了。最後家人實在看不下去了，將她強行從洗手間裡拉出來，並帶著她去看心理醫生。

　　心理醫生注意到，賈女士的雙手雖然已經被洗得泛白，但

賈女士的身上卻有一股難聞的味道，頭髮也是一縷一縷的，
看起來已經很長時間沒洗澡了。果然，賈女士的家人告訴心理
醫生，她已經有一個月沒洗澡了，因為她不會主動去觸碰蓮蓬
頭，她覺得蓮蓬頭很髒。

　　當心理醫生提出讓賈女士去醫院的洗手間洗手時，賈女士
直接拒絕了。她說醫院的水龍頭很髒，最後甚至將雙臂抱在胸
前，把兩隻手藏了起來。

　　坐了一會後，賈女士突然站了起來，她說想回家。在離開
前她還提醒隨同的家人，看看有沒有東西落下了。賈女士的家
人對心理醫生說，賈女士平常就是這麼謹慎，生怕落下什麼。
平時開車時，賈女士從來不會開車窗，她擔心車裡的東西會在
她不注意時被風颳走。

　　心理醫生告訴賈女士的家人，她患上了強迫症。賈女士因
為長期的職業習慣，養成了小心翼翼、容易緊張的性格，非常
害怕出錯，當工作壓力變大時，她就出現了強迫性行為。心理
醫生建議賈女士的家人，先讓賈女士服用藥物控制住強迫症的
症狀，隨後再施加心理和行為治療。最後心理醫生還特意囑咐
道，盡量控制讓賈女士洗手，最好只讓她在飯前便後洗手。

　　後來心理醫生了解到，賈女士從小就生活在一個非常嚴厲
的家庭環境中，父母對她的學業成績要求很高。賈女士自己
也很爭氣，會嚴格要求自己，在多次考試中都取得了滿分的成
績。但人無完人，再完美的人也會出現失誤。有一次，賈女士

考了 99 分，母親知道後狠狠地責罵了她，在母親看來，這 1 分的失誤都不應該出現。賈女士不僅學業成績好，還有著很好的讀書習慣，她的書包和書桌永遠都整理得井然有序的。在寫作業的時候，賈女士也會盡量做到完美，作業本上不僅不能有一點髒汙，作業成績還必須是優，不然就會被父母要求重寫。這樣的成長經歷讓賈女士養成了做事有條理，但過分追求完美的性格。這樣的性格特徵表面上看起來是優秀的，但卻是導致強迫症的潛在因素。

強迫症屬於一種心理疾病。提起心理疾病，我們常常會產生一種探究其病因的衝動。強迫症的形成因素有許多，例如上述案例中提到的家庭教育，此外，周圍的環境也很重要。沒有人的人生能一帆風順，一個人若在生活中遭遇一系列壓力事件，就可能導致強迫症的發生或復發，例如賈女士所面臨的工作壓力。還有一個十分關鍵的因素，即強迫症患者的性格特點。在上述案例中，賈女士是典型的乖乖女，也有許多人會面臨和賈女士一樣的教育環境，但他們並不會一味地迎合父母的要求，尤其是無理的要求，而是會無視或者反抗，這有助於宣洩壓力，減少患上強迫症的機率。

有一種人格被稱為強迫型人格，主要特點有：認真、嚴於律己、強調細節、呆板保守、拘謹、小心翼翼。具備這些人格特點的人很容易在遇到壓力事件時，陷入自我懷疑之中，擔心達不到要求而處於緊張和焦慮中。那麼，具體該如何判斷一個

人是否是強迫型人格呢？

在以下所陳述的特點中，只要有三項符合，那麼就可以判斷為強迫型人格：

1. 做任何事情都要達到完美無缺的要求，還要按部就班地做，從而影響工作效率；

2. 會用十分嚴苛的規定要求別人做事，別人必須得符合他的完美標準，不然就不放心；

3. 猶豫不決，尤其是需要做出決定時，常常優柔寡斷；

4. 沒有安全感，總是擔心自己的計畫或行為不夠完美，從而出現反覆強迫性的檢查，唯恐出現差錯；

5. 注意力永遠集中在細枝末節上，甚至連一些微不足道的小事也必須按照計畫進行；

6. 在完成一項任務時，無法獲得滿足感，常常會覺得自己做得不夠好；

7. 對自己十分嚴格，把心思都放在工作上，不懂得放鬆和娛樂。

加拿大約克大學健康心理學教授戈登‧弗萊特（Gordon Flett）博士在研究人的完美主義傾向時，將完美主義者分成了三大類，即自我導向型、他人導向型和社會導向型。其中自我導向型的完美主義者對自己的要求十分嚴格，很容易發展成我們所說的「工作狂」；他人導向型的完美主義者對身邊人的要求很

嚴格；社會導向型完美主義者則會努力滿足他人的要求，追求大眾眼中的完美。調查研究顯示，社會導向型完美主義者更容易出現睡眠和健康問題，常常會出現失眠和就醫的情況。

病態的完美主義常常與一個人的壽命密切相關，據調查，如果太過追求完美，會使早亡機率增加 51%。這是因為病態的完美主義者常常處於消極情緒中，產生心臟病的機率是常常保持樂觀情緒者的三倍。病態的完美主義者不僅很容易患上心臟病，並且在治療時，康復的速度也非常緩慢。因為他們的消極情緒造成了巨大的自我壓力，從而影響了他們的身體健康和康復進度。

一個人的心理健康與社會支持密切相關，但完美主義者恰恰缺少社會支持。在遇到一些自己難以解決或根本無法解決的困難時，普通人通常會尋求他人的幫助，但完美主義者則會選擇硬扛，他們認為自己能解決，有的完美主義者甚至不相信別人能完美地解決問題。比如當一個完美主義者面對一大堆要清洗的衣物時，他會一件一件仔細認真地清洗，即使有其他更重要的事情要忙，他也不放心交給別人，擔心別人洗不乾淨。在巨大的心理壓力下，人的腎上腺素和去甲腎上腺素水準都會提高，從而出現心跳加快、血壓升高等症狀，很容易使消化系統和心血管系統、代謝系統出現疾病。有一項調查研究顯示，完美主義者更容易出現腸易激綜合症。普通人出現腸易激綜合症的機率是 20%，完美主義者的機率則高達 40.7%。此外，研究

還發現完美主義者更容易發生暴飲暴食。

　　人們常常將追求完美與成功連繫在一起，例如賈伯斯就是一個完美主義者。但當一個人的完美主義傾向開始變得病態時，那麼對完美的追求就會漸漸將這個人逼入絕境。如果對完美的追求已經無法給你帶來滿足感和快樂，反而帶給你無法擺脫的痛苦，那麼你就應該試著摒棄這種病態的完美主義，學會接受不完美的自己。

第二章　鮮爲人知的黑暗面
—— 變態心理揭祕

隨處可見的「熊孩子」

電影《春去春又來》中有這樣一個片段，一個長得虎頭虎腦的小和尚在山間玩耍，他將撿來的石頭綁在小魚、小蛇、青蛙的身上，然後看著小動物痛苦掙扎的樣子笑得十分開心。

這一幕被老和尚看到了，他並未馬上制止，也沒有斥責小和尚，但為了讓小和尚明白這種行為會帶給小動物怎樣的痛苦，他將一塊大石頭綁在了小和尚的身上。身上的石頭非常重，帶給小和尚的生活極大的不便和痛苦，於是小和尚主動向老和尚認錯。這時老和尚示意他將那些小動物身上的石塊卸掉，然後他就可以卸掉自己身上的石塊了。當小和尚找到那些小動物時，他驚訝地發現那些小魚、小蛇和青蛙已經因不堪重負而死了。小和尚傷心地大哭起來，他的無心之舉帶給了小動物致命的傷害，他開始明白自己之前的快樂是建立在其他生命的痛苦之上的。

漸漸地，小和尚長大了，成了一個 17 歲的少年。這時，寺廟裡來了一個養病的少女，這名少女的到來讓少年和尚春心大動，於是他經不住誘惑和少女發生了性關係。老和尚得知兩人的事情後，就將少女送走了。少女走後不久，少年和尚再也無法忍受青燈古佛的枯燥生活，遂跟隨著少女的腳步偷偷離開了寺廟。

　　幾年後，寺廟的寧靜再次被打破，已長成青年的和尚回到了寺廟中，但這時的他已經成了報紙上通緝的殺妻逃犯。青年和尚想躲在這個與世隔絕的地方，逃避法律的制裁，殊不知警察已經追蹤到了這裡。青年和尚之所以會殺死妻子，是因為妻子背叛了他。儘管妻子已經死了，但青年和尚依舊沒有逃出自己的心魔，在寧靜的寺廟中痛苦不堪，動不動就歇斯底里。老和尚將青年和尚痛打了一頓，然後在寺廟前的木地板上寫下了《般若波羅蜜多心經》，並命令青年和尚用隨身攜帶的凶器——一把帶血的刀將《般若波羅蜜多心經》刻出。

　　剛開始，青年和尚既急躁又瘋狂，整個人顯得十分痛苦。這時，緝拿青年和尚的警察來了，看到警察後青年和尚瀕臨崩潰。老和尚請求警察給青年和尚一些時間，讓他把《心經》刻完。在雕刻《心經》的過程中，青年和尚慢慢不再痛苦，眼睛中的戾氣也漸漸散去，他開始變得平和而專注。最終在黎明前，青年和尚完成了《心經》的雕刻。

　　出獄後，青年和尚已成了中年人，他回到了寺廟中，此時老和尚已經死去，寺廟中只剩下他一個人。中年和尚開始潛心修行，他還得到了一本武功祕籍，每天都會進行練習。

　　一天，一個蒙面女人抱著一個嬰兒出現在寺廟中，她懇請中年和尚收養嬰兒。半夜時分，蒙面女人匆匆離開了，離去途中意外跌入中年和尚平時用於盥洗而鑿開的冰洞中，並因此而喪命。中年和尚的無心之舉使得一條生命逝去。從此之後，中

年和尚開始像年幼時被老和尚懲罰的那樣，身負重石。或許他在懲罰自己，又或許這在他的心目中也是一種修行。

漸漸地，中年和尚變成了老和尚，那名嬰兒也長大了，成了和老和尚相依為命的小和尚。小和尚和師父當年一樣，也很喜歡拿小魚、小蛇之類的小動物取樂，不過他的做法變本加厲，直接將石塊塞入了小動物的口中，小動物一下子就被石塊撐死了，這時老和尚就用師父曾經教育他的方法來教育小和尚。

這部電影用春、夏、秋、冬四個季節來代表人生中的四個階段。春：小和尚虐待動物，並在被老和尚懲罰後改過；夏，少年和尚荷爾蒙旺盛，難以抵擋誘惑；秋，青年和尚因嫉妒而犯下謀殺罪；冬，青年和尚漸漸變老，想要在寺廟裡過上清靜的生活，卻被迫收養了一名嬰兒。如同電影的名字「春去春又來」一般，嬰兒長大後成了又一個「小和尚」。

在許多人的眼中，孩子的世界應該是純潔美好的，但實際上有不少孩子的世界中充滿了虐待和欺辱。對於小和尚來說，他虐待小動物的行為雖然在別人看來分外殘忍，但對於他來說卻是一個十分有趣的遊戲。這些小動物對小和尚而言，是毫無抵抗力的生命，不論小和尚怎樣對待它們，它們的反抗都不會給小和尚帶來傷害，於是看著小動物痛苦掙扎的樣子，小和尚覺得開心不已。

為什麼小和尚會這樣做呢？這或許與小和尚的成長環境密切相關。在寺廟的生活雖然清靜，但對於一個精力旺盛的小孩

子來說，未免有些太枯燥了，小和尚一定十分孤獨。老和尚是小和尚的監護人，但他的心思差不多都用在潛心修行業中，無暇顧及小和尚的心理需求。雖然之後他在發現了小和尚的惡劣行為後對他進行了教育，但寺廟生活終究讓小和尚缺少了很多必經的考驗和磨練，以至於他根本沒有抵抗誘惑的能力。

因殺人入獄的青年和尚在出獄後，為了贖清自身的罪孽回到寺廟裡修行。後來一個蒙面女人帶來了一個嬰兒，這本是他清修生活的一個意外。再加上蒙面女子因自己鑿出的冰洞而亡，青年和尚更覺罪孽深重，於是在之後的日子裡，他更加重視自身的修行，順帶撫養嬰兒長大。在這種被忽視的環境中長大的嬰兒成了又一個「熊孩子」，開始以更加殘忍的方式虐待小動物。

當我們看到一些調皮、不服從管教的孩子時，通常會將他們稱為「熊孩子」。「熊孩子」不僅有強烈的好奇心和旺盛的破壞欲望，最重要的是他們還站在「弱勢群體」的一端受到保護。這或許也是許多人對「熊孩子」恨得牙癢癢的原因所在。每當「熊孩子」犯錯時，他們的父母就會隨口說出一句冠冕堂皇的話：「他還是一個孩子。」「熊孩子」搞破壞的行為，有時可能只是一個惡作劇，卻會引發十分嚴重的後果。

一日，某醫院急診接待了一名頭部受到重創的女患者。經檢查，這名女患者的頭部出現了粉碎性骨折，最終因搶救無效而死亡。這名女患者在一家紡織廠工作，兩個月前剛舉行了婚

禮。到底是誰將她的頭砸成了粉碎性骨折呢？事發社區的監視器拍下了這一幕。

在事發當天下午，她正好和女同事相約去洗澡，女同事騎著電動車，而她就坐在電動車的後面，在路過事發社區的時候，突然從天上飛下來一塊磚頭，砸在了她的頭上。磚頭是從24層樓的天臺上被扔下的，而扔磚頭的是兩個男孩。

當天下午，兩個小男孩在玩耍時爬到了24層樓的天臺上。玩了一會後，兩人開始覺得無聊，這時他們看到天臺上堆放著一些雜物，就想往樓下扔東西，並覺得這樣一定很好玩。他們先扔下去一堆爛棉花，在扔之前，還將礦泉水倒在上面，從而增加棉花的重量。隨後，不斷有礦泉水瓶、木棍、瓶蓋、易開罐、石子、碎磚頭等東西從樓上被扔下來，直到受害者被砸中。

後來兩個男孩也知道自己犯了錯，開始害怕起來，在下樓的時候不敢乘坐電梯，直接從樓梯上走了下來。當他們看到滿頭是血的受害者躺在地上時，都沒吭聲，像圍觀的居民一樣。兩人在玩了一會後就回家了，回家後也沒將此事告訴父母，直到晚上11點左右被警察找上門來，原來社區的監視器已經拍下了兩人的行動軌跡。

「熊孩子」之所以會樂此不疲地搞破壞，給周圍的人帶來麻煩，是因為他們能從破壞的行為中得到樂趣，甚至會產生強烈的興奮感，即使事後可能會被父母教訓。但大多數人隨著年齡的增長會慢慢忘記這段熱衷於給別人製造麻煩的時光。

　　「熊孩子」的年齡普遍比較小，通常集中在幼稚園到國小三四年級之間。由於年幼，他們的心智和行為發展水準都沒有達到社會所期待的標準，因此他們很容易做出一些不合時宜的行為。在上述案例中，那兩個「熊孩子」或許只是希望透過扔東西來排遣無聊，但讓他們萬萬沒想到的是，這種「遊戲」導致了一個人的死亡。

　　隨著年齡的增長，許多「熊孩子」會漸漸成為符合社會標準的成年人。那麼這是否就能說明，人類社會的文明能消除人性中惡的一面呢？或許隨著年齡的增長，「熊孩子」們漸漸學會了將破壞欲隱藏在內心深處，不再輕易表現出來，也不再用惡作劇的方式來釋放自己的破壞欲。但是破壞欲所帶來的興奮感依舊存在，當我們去探究自己內心的陰暗面時，破壞欲就會漸漸浮出水面。

　　當一個人產生無能感的時候，他就覺得自己是被動的，會因此產生破壞欲。這也是許多「熊孩子」喜歡搞惡作劇、製造麻煩的原因所在 ── 既然我的行為無法像成人一樣創造價值，那麼我就搞破壞，並從搞破壞中獲得一種自我效能感，覺得自己有用。其實成年人也是如此，總希望透過獲得自我效能感來肯定自己的存在。

你痛苦所以我快樂

　　1993 年 3 月 10 日，一個年僅 5 歲的女童死在了家中。法醫在為她進行屍檢的時候，看到了令人震驚的一幕：她的全身上下幾乎布滿了傷痕，有些地方甚至已經潰爛還流著膿水；嘴唇和下巴被燙傷；手指甲因嚴重淤血而變得烏黑。死者是一個 5 歲的女童，但她的身高卻不足 95 公分，整個人瘦骨嶙峋。很顯然，她生前一定遭受了非人的虐待。那麼，到底是誰會對一個年僅 5 歲的孩子下此毒手呢？真相讓人跌破眼鏡，下手的竟然是她的親生母親。

　　其實早在 1990 年，這名女童被母親虐待的事情就被曝光過。當時許多報章雜誌都做了報導，這一惡行引起了不小的轟動。

　　那是 12 月 10 日的晚上，鄰居到女童家中去借保險絲。她一進門就看到了女童跪在洗衣板上，她的母親看到鄰居後還不斷用身體遮擋其視線。這讓鄰居起了疑心，她聯想起了關於這個女人虐待小女兒的傳言，於是一下子推開女人，結果看到女童的嘴上到處都是血，細心的她還發現女童的嘴上被用線縫了四針，線頭還被打了結，就垂掛在她的嘴邊。

　　鄰居目睹這殘忍的一幕後立刻質問道：「妳這是幹什麼？」女人不屑一顧地說：「這死丫頭被我發現偷吃飼料，那麼髒的東西怎麼能吃，於是我就縫住了她的嘴，看她以後還偷吃不偷吃

了！妳不要告訴別人，我馬上就將線給拆了。」說著，女人就抓起打結的線頭，用力把線拉了出來。

鄰居回家後將看到的一切告訴了家人，家人又驚訝又氣憤，立刻向街道管委會反映了這一情況。很快，管委會負責人就來到了女人的家中，並發現女童的脖子上有兩處淤血，鼻子和臉頰上有四處青紫痕跡，上下嘴唇處有四個明顯的點狀淤血斑。更讓負責人看不下去的是女童的穿著，當時的天氣十分寒冷，她卻穿著一身破爛不堪的單衣褲，腳上穿著涼鞋。當負責人試圖脫下她腳上的涼鞋時，發現她的雙腳已經凍得紅腫，髒兮兮的襪子被膿血黏在腳上，根本無法脫下來。

但在此事曝光後，這個女人仍繼續虐待女兒，即使鄰居們不停勸阻，管委會成員不停地上門拜訪，都無法阻止她的惡行，直到女童死去。每當有人試圖勸阻女人不要虐待女兒時，她就會破口大罵：「我自己的孩子，我願意怎麼打就怎麼打，你們管不著！」後來直到女兒被虐待致死，只有國小教育的女人依舊不認為自己觸犯了法律。

在女童死亡的前幾天，女人和兒子曾一起外出購買食材，因為兒子想吃紅燒肉。在這個空檔，一個好心的鄰居發現女童獨自一人在家，就從窗戶裡遞給了她一個饅頭。

女人回家後，將肉燉在了鍋裡，然後去上廁所。趁著四下無人，女童大著膽子從鍋裡撈出了一塊肉吃下，結果正好被女人看到。她一把拽住女兒的頭髮，並用力將女兒的頭向牆上撞

去。將女兒殘忍地折磨了一會後，她似乎還覺得不解氣，當她看到正在沸騰的油鍋時，一把揪住了女兒的頭髮，並隨手拿來一塊抹布圍在女兒的胸前，用大腿夾住她的身體，一隻手捏開她的嘴，一隻手舀起一勺滾燙的油，向她的嘴裡灌去。

之後的幾天內，女童都很少吃東西。到了 9 日下午，她開始拉肚子。看到女兒拉肚子，女人開始覺得她又在給自己添麻煩，於是又狠狠地抽打了女兒一頓。當天晚上，女童因口渴難忍，向女人要了一杯水。到了 10 日凌晨，女童起來撒尿，她蹲在痰盂上不久，就死去了。女人發現女兒死了後，立刻找來一身新衣褲給女兒換上，以免受到他人的譴責。

女人曾是一家鞋帽廠的契約工，女兒的出生完全是個意外，為了避免處分，女兒從一出生就被她交給了弟媳餵養。後來，工廠知道了女童的存在，於是就辭退了女人。女童也順理成章地回到了她的身邊，當時的女童還不到兩歲，根本沒有大小便自理的能力，經常會在床上和褲子裡大小便。失去工作的女人本來就看女兒不順眼，這下更覺麻煩，便開始毒打女兒。漸漸地，女童不僅沒有學會大小便自理，甚至還大小便失禁了，每當女人嚇唬她，她就會嚇得失禁。這讓女人更加生氣，為此她想出了限制女兒進食進水的辦法。從此之後，女童就一直處於飢餓之中。即使有好心的鄰居遞給女童一些食物，只要被她發現都會招來一頓毒打。那麼，女童的父親呢？

女童的父親雖然長期在外工作，但對於女童來說，他和母

親一樣也是個可怕的存在，稍有不順也會找她撒氣。當他得知妻子用針線縫住女兒的嘴之後，也沒有覺得有什麼不對。

作為女童的親生母親，她為什麼會對女兒下此毒手呢？這或許與她的失業有著密切的關係，在她看來，要不是有了女兒，她也不會弄丟工作。但這更多的是與罪惡的快感相關，這也是家庭暴力頻繁發生的原因所在。

虐待的行為會給施虐者帶來一種難以形容的快感，他們會漸漸享受並沉迷於這種快感中。每個人都有控制另一個生命的衝動，不論被控制的對象是動物還是兒童，是男人還是女人。在虐待行為中，施虐者會利用自身優勢給受害者帶來痛苦或屈辱，受害者由於弱小而無法進行自我保護，只能默默忍受，於是施虐者就會產生一種絕對控制的體驗，從而產生一種感覺——這個生命並非獨立的個體，是我的所有物，我是他的神。例如在上述案例中，女人從來就沒有將女兒當成一個人，只是把女兒當作自己可以隨意打罵的對象。

對於一些人而言，他們即使身處較低的社會階層，也有機會去控制在他勢力範圍之內的人，例如兒童、妻子或者自己的寵物，都有可能成為他們虐待的對象。在很多家庭暴力中，被虐待的妻子或兒童會讓施虐者產生一種能夠支配一切的快感，施虐者能從這種絕對控制中感受到自己是全能的，雖然這只是一種錯覺。

此外，還有一些無助的人經常會成為受害者，例如精神病

患、學校裡的兒童等。韓國電影《熔爐》就是根據真實事件改編的。在一所慈善聾啞人學校裡，隱藏著一個驚天的祕密。在這所學校裡的兒童都有殘疾，要麼是聾啞人，要麼有智力障礙。最關鍵的是，這些兒童都沒有父母的庇護。也就是說，這裡的兒童都是弱者、無助的人，可以輕易成為施虐者的虐待對象。果然，這裡的兒童不僅總是遭受非人的懲罰，還遭受了性侵，而對他們實施暴力的人就是學校裡的老師們。

在不少家暴案例中，施暴的一方在施暴過後都會表現出悔恨的一面，並且會央求受害者原諒自己。當然，大多數受害者都會選擇原諒，並且認為對方不會再有下一次。但事實卻是，施暴行為仍會繼續。為什麼會這樣呢？這是因為對於施暴者來說，對他人施暴的行為所帶來的快感會使人上癮。

在很多家暴事件中，當施暴者利用自身優勢對受害者進行毆打時，他會覺得自己征服了對方，在用一種最快的方式來使對方臣服於自己，於是他產生了一種支配他人的快感。即使受害者當時十分痛苦，但對於施暴者來說，卻很快樂。

而且這種暴力行為的影響是十分深遠的，如果一個人從小生活在一個充滿了暴力和欺辱的環境中，那麼他就極有可能會走上相似的道路，或者沉浸在過去的痛苦中無法自拔，出現各種心理障礙，不懂得尊重他人，缺乏安全感，永遠無法擺脫那段夢魘。

頻繁行竊只為尋求刺激

2016 年，某縣內發生了一起盜竊案，盜竊犯是一對年輕夫妻，他們在該縣的一家大型百貨超市裡偷走了一些商品。在被發現之前，超市就被這對夫妻「光臨」過好幾次了。

最初，他們只從超市裡偷走了兩條毛巾、一支牙刷、一盒牙膏，他們將這些商品藏在了自己的挎包和衣服口袋裡，然後透過無購物通道走出了超市。兩天後，這對夫妻再次出現在這家超市裡，這一次他們故技重施，從超市裡偷走了幾條毛巾和幾條平角褲。沒過多久，夫妻二人再次來到超市，偷拿了面膜、肥皂等物品，但就在他們準備離開的時候，超市保全及時出現並攔住了他們。

據了解，這對夫妻的經濟狀況良好，父母都是生意人，他們跟著父母一起做生意，收入不錯。那麼他們為什麼要三番兩次地去超市行竊，而且所盜竊物品都是一些不太值錢的生活用品呢？在法院接受庭審的時候，兩人表示他們之所以會頻繁行竊，只是為了尋找刺激。

當一個人出現了反覆、無法控制的偷竊行為，且目的並不是獲得經濟利益，只是出於無法抗拒的內心衝動時，我們將這種行為稱為偷竊癖。它與一般的偷竊行為不同，其形成與個體的性格、所處的環境等因素密切相關。

一個人天生所擁有的氣質，也是我們通常所說的秉性，與一個人的性格特點是密不可分的。我們常常說「本性難移」，是說一個人與生俱來的氣質往往很難改變，但環境的因素太複雜了，許多人一生都無法遇到一個完全適合自己氣質發展的環境，於是在後天環境的影響下，先天氣質也會得到或多或少的改變。氣質本無好壞之分，但如果一個人的氣質與他所在的環境格格不入，那麼就很容易出問題。在發生嚴重衝突的情況下，一些人可能會出現心理反常的行為，例如偷竊癖。

　　小雪是一名在校大學生，三天前她和室友們發生了一件很不愉快的事情。室友們不顧小雪反對，強行撬開了她鎖著的櫃門。小雪櫃子裡的東西驗證了室友們的猜測 —— 她就是那個小偷。小雪的櫃子就像個「百寶箱」一樣，裡面的東西都是小雪從室友那裡偷來的，從牙膏、洗面乳到內衣、頭繩、手錶，無所不包。但令人奇怪的是，小雪並未使用這些物品。面對室友們複雜的目光，小雪覺得十分難堪，一氣之下跑了出去。

　　小雪來到了一家銀飾店，並讓店員拿出一大盒銀戒指來供她挑選。在看到這些銀戒指後，小雪的偷竊欲望變得強烈起來，她悄悄將一枚戒指藏進了自己的衣袖裡，然後裝作不滿意的樣子準備離開。這時店員攔住了她，並開始仔細清點盒中的戒指，就在這時，小雪將袖子裡的戒指掏了出來，扔給店員，趕快逃離了銀飾店。

　　在小雪很小的時候，她就出現了偷竊行為。小雪成長於一

個不錯的家庭環境中，但她從來沒有得到過零用錢。在小雪的父母看來，這樣做是為了讓小雪避免養成吃零食的壞習慣，他們認為這是在教育孩子。

但小雪卻很渴望能得到零用錢，去購買自己想吃的零食。有一天，小雪在朋友的慫恿下從家裡偷走了五塊錢，小雪用這五塊錢買了一包零食。小雪邊吃零食邊擔心父母會發現。但過了很長一段時間，父母都沒有提起這五塊錢的事情，似乎是因為金額很小，小雪的父母並沒有察覺到家裡丟錢了。這次意外的成功讓小雪十分驚喜，她開始覺得偷錢是一個不錯的選擇，既可以避免被父母責備，又有錢購買自己喜歡的零食。於是，小雪開始頻繁地從父母那裡偷錢。

常在河邊走，哪有不溼鞋。小雪的偷錢行為終於還是被父母發現了，那對小雪來說是一次十分可怕的經歷。小雪的父親是個脾氣非常暴躁的人，再加上他平時對小雪就很嚴厲，因此小雪十分害怕父親。那天，父親強壓著怒火教育小雪，並且告訴她：「妳想要什麼東西，我都可以給妳，但是妳不能去偷，不能偷！」小雪又害怕又內疚，一邊哭一邊道歉，並且保證自己再也不會偷錢了。

之後小雪提出要零用錢的要求，但不論她怎麼懇求，都無法得到零用錢，父母對她的管束比以前也更加嚴厲。於是，小雪只能明知故犯，繼續偷錢。

後來，小雪所偷竊的金額越來越大，已經上升到了三位

數，這時父母才意識到了事態的嚴重性。父親也由責罵變成了毆打，只要發現小雪偷東西，父親就會順手抓起一樣東西打小雪，例如皮帶、竹條和衣架，都是父親教訓小雪的常用工具。母親就在一旁邊哭邊罵，小雪則邊躲邊哭。雖然小雪也很害怕被責打，但時間一長她就又產生了偷竊的念頭，而且每次都會想：反正被發現了也就是挨頓打，下一次我一定不會被發現。

上了國中後，小雪開始覺得從父母那裡偷錢太沒意思了，於是將目標鎖定在超市，她經常從超市裡偷些文具、書籍、雜誌等商品。為了不被發現，小雪還學會了撒謊和裝無辜，每當失主發現東西丟了時，她就會陪著失主著急，甚至還賊喊捉賊地咒罵小偷。與此同時，小雪的父母發現家裡的錢不再少了，他們以為小雪改過了，不再偷錢了，於是為了獎勵小雪，他們開始每週給小雪兩塊零用錢。每當小雪得到兩塊錢的獎勵時，她就會產生一種可笑、憤怒和悲哀的複雜感受。此時的小雪已經無法抑制偷竊的欲望了。

有一次，小雪在超市偷東西時被老闆發現了，老闆找來小雪的同學，讓他將此事告訴了班導。班導得知後，立刻將小雪的情況反映給了家長。父母將小雪領回了家。

回家的路上，小雪的父親一直強壓著怒火，當他們剛進家門時，父親也不顧鄰居們在場，抄起牆邊的掃帚就開始抽打小雪，小雪一下子就哭了起來。小雪越哭越覺得興奮，她產生了一個怪異的念頭，父母終於拿自己沒辦法了。從那以後，小

雪與父母之間的關係越來越差，就算她偷東西再被發現，也不會再挨打了，因為她的父親似乎決定不再管教她了。所幸，小雪的學業成績不錯，她認為這是父母唯一沒將她趕出家門的原因。後來，小雪的弟弟出生了，父母將所有的精力都集中在了弟弟的身上，小雪在父母的眼中就如同一個陌生人一般。小雪開始獨自處理自己生活中所發生的一切事情，但她並未改掉偷竊的毛病，反而將偷竊當成了發洩情緒的一種方式。每當小雪的生活中出現不如意的情況時，她就會去偷東西。

後來，小雪順利考上了大學，但她依舊沒有改掉偷竊的毛病，她開始不停地偷室友們的物品。起初，室友們丟東西後還感到很奇怪，但漸漸地她們開始懷疑小雪。終於，室友們忍無可忍，強行開啟了小雪的櫃子，拆穿了她的真面目。這一次，小雪開始覺得害怕和內疚，她害怕人們把她當成小偷，也為自己的偷竊行為而感到羞恥。但她就是無法控制自己的偷竊欲望，而每當她無法控制自己時，她就會感覺更加羞恥。

很顯然，小雪最初從父母那裡偷錢的目的就是滿足自己的物質需求。但當父母發現小雪偷錢，並採用了一種粗暴的方式教育她時，她的內心一定感受到了深深的無助和恐懼。這種負面情緒無從發洩，只能積壓在內心深處，最終小雪找到了一個有效的發洩途徑，即繼續偷錢。偷錢不僅可以滿足小雪獲得零用錢的需求，還能幫助她發洩負面情緒。

偷錢行為對於小雪來說，漸漸從滿足物質需求轉向了滿足

內在需求。於是小雪在受到父母的責罰時，開始產生了一種怪異的心理，即父母終於拿她沒辦法了。或許當時的小雪並未意識到，她只是在透過這種方式來反抗父母對自己的管束。她在潛意識裡開始認為，只要她偷竊成功，那麼她就贏了父母，就在反抗父母方面取得了勝利。這說明隨著時間的推移，小雪開始從偷竊中獲得了自我滿足。因此小雪凡是在遇到困難和挫折時，就會採用偷竊的方式來尋求刺激，成功得手的時候，她就會產生一種「我掌握了一切」、「我戰勝了困難」的快感。

表面看來，小雪似乎對偷東西上癮，實際上她是對偷東西所帶來的刺激感上癮。在許多人看來，偷竊是一種令人不齒的犯罪行為，因為它損害了別人的物質利益來滿足自己的物欲。但對於像小雪這樣有偷竊癖的人來說，他們只是對偷竊行為上癮，就好像一個人對網路遊戲上癮一樣，每當他們偷竊物品時，他們會覺得非常緊張，成功得手之後則會產生一種強烈的成就感和喜悅感。而對於偷來的東西是什麼、價值幾何，他們反而並不怎麼在意。

很顯然，小雪在童年時期並未得到應有的關愛和包容，反而面臨很嚴格的管束，對於她來說這種關愛是她心靈深處所缺失的東西，於是為了彌補這個缺失，小雪選擇了偷竊。如果小雪只是一昧地克制自己的偷竊衝動，那麼她的偷竊欲望只會越來越強烈。想要改善這種行為，小雪必須嘗試著和父母和解，從父母那裡得到應有的關心和包容，從而建立起一種全新的自

我滿足方式，找到一個合理的發洩負面情緒的管道。不然，小雪這種以偷竊來獲得自我滿足的行為就會繼續發展下去，每當她覺得不開心，例如考試成績不理想、與朋友發生爭吵時，她的偷竊行為就會不可抑制地再次出現。

當說謊成為生活的一部分

電影《The Liar》中，女主角雅英生活在一個自己所編織的謊言之中，她的生活中處處都是謊言，對於這個充滿謊言的世界，雅英自己卻很享受。她總是利用休閒時間去一些上等店鋪，裝作要購買家電、汽車甚至是房子的客戶，總是在別人面前裝出一副很有錢的樣子，她非常享受這種感覺。但實際上，雅英只是一個在美容院工作的普通職員。

一次，雅英裝作要購買一棟大房子。業務一看雅英的派頭，誤以為她是「富二代」，十分熱情地招待雅英。最後雅英沒有買房子，她說覺得這裡的房子不夠好，在離開前還對銷售人員說，如果有更好的房子一定要和她聯絡，但自己還有一場海外會議，要過段時間才能看房子。

之後，雅英出現在一家商場裡，並對業務表示自己想購買一臺電視機。在談妥後，雅英留下了家庭住址，住址在一個黃金地段。就在雅英準備付錢的時候，她突然對業務說，自己忘記帶錢包了，只能回家後再將錢轉過來。但沒過多久，雅英就打了一個電話給業務，說她要取消之前的訂單，因為老公已經將電視機買回家了。

面對同事時，雅英的謊言也是張口就來，為此她十分擔心自己的謊言會被拆穿，所以她從來不和同事一起吃飯，與同事

之間的關係也不好。

　　一天，雅英利用休息時間去看車，並裝作要買車的樣子。在這裡，雅英遇到了同事。雅英對同事說，自己正準備買車，自己的未婚夫是個非常有錢的人，兩人還正打算找時間去看房。

　　與雅英所編織的謊言有很大差距的是，她的生活並非那樣光鮮亮麗。她從小生活在一個十分貧困的家庭環境中，父親早逝，母親改嫁，她與姐姐、弟弟相依為命。雅英的姐姐是個酒瓶不離手的酒鬼，弟弟則對姐姐們不管不顧。雅英交了一個男朋友，但他並不是雅英口中所說的有錢人，只是一個普通的汽車銷售業務。為了避免謊言被拆穿，雅英還特地讓男朋友穿上西裝在老闆的汽車前拍照，並對同事說，這輛汽車就是她男朋友的。

　　雅英雖然知道撒謊不對，但無法擺脫謊言帶給自己的滿足感，於是只能冒著風險不斷地撒謊。一次，雅英來到了一家商場，並假裝要購買冰箱。在填寫表格的時候，雅英的身分證掉了出來，並被服務員發現了，因此雅英只能將填寫的假名勾掉，寫上自己的真實姓名。到了要付款的時候，雅英再次裝作忘記帶錢包了，但服務員表示，商場可以電子付款，但雅英說自己的手機是剛買的，還不能進行電子付款。最後冰箱被送到了雅英的住所裡，雖然雅英找出種種理由要求退貨，但商家以概不退貨為由讓雅英付款，雅英為此付出了 300 萬韓元。

　　終於有一天，雅英的謊言被拆穿了，男友來到她工作和

居住的地方，所有人包括男友在內，都知道了雅英是個「謊話精」。雅英崩潰了，和男友發生了激烈的爭吵，並坦白自己一直在撒謊。男友表示，他從一開始就知道雅英在撒謊。與男友分手後，雅英辭了職，回到家卻被醉酒的姐姐鎖在門外，去找母親也沒有被收留，想到警察局過夜也被拒絕了。她感覺自己被整個世界拋棄了，終於意識到了自己的錯誤，決定以後再也不撒謊了。之後，雅英與男友複合，並答應男友和他一起去見他的母親。

在與男友母親見面的時候，男友為了讓雅英在母親面前顯得更體面一些，開始編造雅英的工作和家庭。雅英並未附和男友，她向男友的母親坦白了自己的一切。最後雅英對男友及其母親說自己懷孕了，但男友卻不敢相信雅英，他不知道這是不是雅英編織的另一個謊言。

看到男友不相信自己，雅英搶走了他的車鑰匙，開車去超市瘋狂購物，最後來到了一棟豪華的房子裡，這是她之前裝作有錢人時看的房子，並趁著業務不注意悄悄記下了密碼。雅英獨自一人坐在房子裡，什麼也沒做，只是安靜地坐著……

提起撒謊，人們往往會抱著鄙視的態度，因為人人都不希望自己被他人欺騙。但人們也不得不承認，每個人都說過謊，就如同尼采（Friedrich Wilhelm Nietzsche）所說的：「為了生活，我們需要說謊。」有統計顯示，一個普通人在 10 分鐘的對話中平均會撒三個謊。由此可見，謊言是我們的社會生活中必不可

少的一部分。那麼，人們為什麼要撒謊呢？

撒謊的動機有三個：一、為了得到別人的喜歡，有時候並不順耳的真話會帶給他人傷害，所以人們會用善意的謊言取悅他人；二、為了炫耀自己；三、為了保護自己。

實際上，一個人從很小的時候就學會撒謊了。小孩子是最會察言觀色的一個群體，他們的謊言大多是為了得到大人的喜愛，或者是在犯錯時避免被責罰。例如，如果一個孩子不小心打碎了鄰居家的玻璃，但因為沒有承認，而避免了被懲罰，他就會覺得這是撒謊帶來的好處，從而使說謊這種行為被強化。

雖然說成年人撒謊的動機比兒童更複雜，但無外乎上述三種動機。如果一個人常常說謊欺騙別人，甚至是在完全不必要的情況下，那麼只能說明，對他來說，說謊已經成為生活中必不可少的一部分，他對說謊這種行為上癮了。這類人我們就將其稱為說謊癖患者。

與偷竊癖一樣，說謊癖屬於怪癖型人格障礙。怪癖型人格障礙有許多種，常見的有購物癖、說謊癖、偷竊癖等，罕見的有拔毛癖等。拔毛癖是一種男女均可能出現的怪癖型人格障礙。顧名思義，此類患者總是忍不住拔掉自己身體上的毛髮，例如頭髮、睫毛、眉毛、腋毛、陰毛等，不過最常見的還是拔頭髮。有的拔毛癖患者還會將拔下的毛髮吞食。

說回說謊癖，我們再來說一個例子。婷婷生活在一個家教十分嚴格的環境中，她的媽媽對她的學業和生活都有著很高

的標準，婷婷很難達到媽媽的要求。每當婷婷沒有達到媽媽的要求時，媽媽就會訓斥她。長此以往，婷婷變得越來越自卑，對周圍人的認同也越來越渴望。為此，她開始說謊，並愛上了說謊。

在和朋友交往時，婷婷總是會告訴他們自己出身於一個高知識分子家庭。有時婷婷還會對另外一群朋友說，自己的職業是模特，月收入很高；有時卻說自己正在負責一個大專案，能賺很多錢。起初朋友們都會選擇相信婷婷，因為她說這些話時顯得十分真誠，一點說謊的不自然感都沒有。但時間長了，朋友們漸漸發現，婷婷是個很喜歡撒謊的人，她的謊言總是隨口就來。當婷婷的謊言被拆穿之後，朋友們就漸漸疏遠了她，沒有人願意和一個愛說謊的人在一起。這讓婷婷覺得非常孤獨和痛苦，但她還是無法改掉說謊的習慣，而且她也愛說謊。

說謊這種行為是十分複雜的，有些謊言是善意的，有些謊言是在逼不得已的情況下說出來的，當然有些謊言純粹出自惡意。但對於有說謊癖的人來說，說謊已成為一種不受自己控制的行為，他們只要不說謊就會心裡難受。說謊癖的主要特點之一就是，患者會不停地、持續性地說謊，不論大事小事都會選擇說謊，因為他們已經對說謊產生了心理依賴，達到了無法自拔的地步。

患有說謊癖的人之所以在說謊時顯得十分真誠、鎮定，是因為他們對自己的謊言常常信以為真，自欺欺人在他們身上表

現得淋漓盡致。這一點在說謊癖患者很小的時候就有所展現。患有說謊癖的人在童年時期通常十分喜愛幻想，但由於年幼，他們的思維能力和理解能力還在發展中，並不成熟。於是他們很容易將現實與幻想混淆，會將想像的世界當成現實。他們會把自己當成主角，然後圍繞著主角開始編造故事，從而滿足自己在現實中無法獲得的一切。就如同上述案例中的婷婷一樣，她無法從母親那裡獲得認同，為了獲得他人的認同，她選擇了說謊。在婷婷的謊言中，她出身於高級知識分子家庭、是個模特、賺錢能力很強，這些都是她渴望但在現實生活中難以實現的，而朋友表現出來的羨慕讓婷婷非常滿足，這些美好的感受都是說謊帶給她的，於是她更加沉迷於說謊。

由說謊癖患者所說出的謊言還有一個特點，即非常具象。他們的謊言可謂面面俱到，任何細節都會提前設計好。

苗苗前段時間交了一個男友，當時她覺得自己很幸運，遇到了一個如此優秀的男人。但不久後，苗苗就發現那個所謂優秀的男人不過是個「大騙子」。苗苗的男友告訴她，他出身於一個公務員家庭，畢業後去美國留學，留學回國後成了一個軟體工程師。苗苗還曾在男友的邀請下去他的家中和公司參觀。男友家中的茶几上放著英文報刊，公司的桌子上有一些書籍和散落的美元零鈔。這些讓苗苗越發相信男友說的話。後來苗苗就和男友同居了，但同居後不久，男友的謊言開始穿幫了。明明是從美國留學歸來的，卻和外國人說不了幾句英語；明明是一

個優秀的軟體工程師，卻不會安裝電腦系統。這讓苗苗意識到自己被男友欺騙了，於是她立即選擇了分手。

　　那麼，說謊癖是否能透過心理治療得以矯正呢？答案是肯定的，但根據說謊的不同級別，矯正的難度也不同。通常情況下，最容易被矯正的說謊行為是兒童的假性謊言。由於年幼，兒童無法明確區分現實與想像，有時候為了滿足自己的某種願望會說謊。例如一個長期沒有與母親生活在一起的孩子，可能在看到朋友收到媽媽的生日禮物時，會撒謊說自己過生日的時候，媽媽也送給了自己禮物。他的這種謊言只是無意識地在表達自己內心的願望，在進行矯正的時候就比較容易。

　　還有一種說謊行為是為了避免受到懲罰。這種說謊行為矯正起來也是比較容易的，因為這種情況下人們是在犯錯的時候說謊，這決定了這種說謊行為只是短暫的、偶爾發生的。

　　最難以矯正的一類說謊行為，其說謊動機就和上述案例中婷婷的說謊動機很相似 —— 為了獲得他人的認同，透過謊言來得到表揚和讚許。這種謊言常常帶著誇大或編造的成分，因為只有這樣才能達到被他人認同的目的。如果一個人總是能從說謊行為中得到他人的認同，那麼他就很容易發展出持續性說謊行為，即很容易患上說謊癖，因此在進行矯正的時候也會非常困難。

被當作流氓抓起來

2016 年 8 月，某派出所接到一位王姓女士的報案電話，王女士聲稱自己在回家的路上遇到了流氓，該流氓對她裸露下體。

在當天晚上 7 點左右，王女士走在下班的路上，和許多低頭族一樣，王女士很喜歡邊走路邊低頭看手機。突然，王女士聽到身後有一名男子大喊「喂」，王女士反射性地轉身去看，就看到一名頭戴安全帽、身穿白色短袖的男子朝她走來，該男子的下體裸露在外，他的一隻手還在不停地撫摸著下體。王女士看到此景後嚇壞了，拔腿就跑。

王女士跑了一會後看到男子沒有追來，就停了下來。但沒過一會，王女士在一棵樹下又遇到了該男子。男子主動與王女士打招呼，並將褲子脫到了膝蓋處。再次受到驚嚇的王女士只能繼續向前跑去。當王女士跑到某藝術中心附近的時候，再次遇到了該男子，他依舊裸露著下體與王女士打招呼。

無奈之下，王女士只好報警，她對警察說，這名男子一定是看到自己獨自一人，再加上自己當時正在低頭看手機，不會注意周圍的情況，才會瞄上她。後來她之所以再次碰上該男子，一定是他騎車跟著自己，並且趕到她前面故意嚇自己的。

警察告訴王女士，由於沒有確鑿的證據，無法立案。王女

士表示，她想透過報警的方式來向廣大女性提醒，盡量不要到偏僻的地方去，晚上最好不要出門，如果必須出門，最好結伴而行。王女士還表示，這條路是她以前上班時常走的，之前一直沒遇到過這樣的事情，但那個流氓的行為讓她留下了心理陰影，她開始考慮以後下班要從更遠的大路繞道而行了。

實際上，這個男子並非王女士口中的「流氓」，他是個暴露癖患者。所謂暴露癖，就是喜歡在陌生的異性面前，將自己的隱私部位暴露給對方看。對於有暴露癖的人來說，異性的反應是最重要的，他們能從異性的驚嚇中獲得一種心理上的滿足。與許多怪癖型人格障礙一樣，暴露癖也是一種心理疾病，患者雖然知道自己的這種行為和衝動是不正常的，甚至可能會因為觸犯治安管理的法規，受到行政拘留的處罰，但他們就是無法克制自己。通常情況下，暴露癖患者雖然會在當時獲得一種極大的心理滿足感，但在恢復理智後就會感到後悔，尤其是當他們被當作流氓抓起來的時候，會更加羞愧。雖然暴露癖患者以男性患者居多，但近年來女性所占的比例也開始漸漸上升。

現如今，越來越多的人開始「暴露」自己，有不少人錯誤地想要透過暴露來緩解自己在工作、生活中的壓力。當然，很少會有人像上述案例中的暴露狂一樣在街頭巷尾暴露自己的私處，許多人更傾向於透過網路的方式進行暴露，例如透過社交軟體進行裸聊。

英國某著名足球運動員自從在 2010 年與妻子離婚後，就一

直醜聞不斷。2013 年，該運動員裸聊的醜聞被曝光。英國一家成人網站上有一段該運動員的性醜聞錄影，長達 18.5 分鐘，這是一名與該運動員裸聊的女子錄下並上傳的。

　　該女子在與該運動員裸聊的時候，偷偷將整個過程錄了下來，然後她將這個過程製作成一段影片，並將影片以 2,000 英鎊的價格賣給了英國的一家成人網站。此外，該女子還公布了影片中的 4 張照片。在這些照片中，該運動員要麼只穿著內褲，要麼全身赤裸。裸聊事件的曝光讓該運動員的形象大大受損。

　　網路裸聊與暴露癖雖然不同，但背後都有暴露的心理。許多人之所以會選擇裸聊，是因為他們覺得這種「暴露方式」更為隱蔽和安全，甚至有些人覺得裸聊永遠不會被人發現，屬於自己的隱私。那麼，這種暴露心理背後的原因到底是什麼呢？

　　首先，暴露心理與原始性行為密切相關。不少人會透過暴露來釋放自己的原始性衝動，雖然他們自己也知道這種行為是不恰當的，但就是無法控制自身的暴露性衝動。

　　與人類不同，許多動物的性行為都是公開的。當動物進入發情期時，它們會將自己的身體作為一種炫耀的工具，以引起異性的注意，例如雄孔雀會透過開屏吸引異性注意。某動物園在連假期間迎來了大量遊客，在此期間有 4 隻雄孔雀被遊客拔禿了羽毛。之後，這 4 隻雄孔雀進入了不喜歡運動、不吃食的憂鬱狀態。為什麼會這樣呢？原來這個季節是孔雀求偶的季節。對於雄孔雀來說，牠們的尾羽是牠們求偶是否成功的關鍵

所在，而這 4 隻沒了漂亮尾羽的雄孔雀恐怕很難得到雌孔雀的青睞了，所以牠們陷入了憂鬱之中。

一些公猴在進入發情期的時候，也會像雄孔雀一樣將身體的某個部位公開炫耀，從而吸引母猴的注意。不過公猴所炫耀的身體部位更直接，是牠們的性器官。雖然炫耀自己的性器官不一定會招來母猴，畢竟猴群也有階級之分，只有處於支配地位的公猴才能享受交配權，但卻能給公猴帶來心理上的快感。

在人類社會中，性一直屬於禁忌範疇。於是，有些人會將暴露性器官當成是自己獲得性滿足的方式，從而只在暴露的情況下才能獲得刺激和快感，這就是暴露癖。

其次，暴露癖的成因與童年經歷相關。如果一個人在還未對性行為形成正確的觀念時，就看到了成人性愛、暴露生殖器等畫面，那麼他可能會產生性衝動，覺得興奮，從而會將滿足性慾與暴露行為連繫在一起。也就是說，暴露癖是一種性心理發育不成熟的表現，他們釋放自己性慾的時候所採取的方式異於常人。

最後，還有一個因素是與個人的性格特點相關。通常情況下，患有暴露癖的人其性格都比較內向、害羞、拘謹和孤僻，在現實生活中他們是一群不善於表達的人。他們在幼年時期可能沒有得到應有的關心，因此一直渴望被關注。

暴露癖患者常常缺乏自信，在與異性的相處過程中會感到很不自在，於是就會產生暴露這種性慾倒錯，以獲得性快感的

行為。暴露癖患者除了會在異性經常路過或聚集的地方進行裸露外，還會刻意在陽臺、屋頂等地方裸露自己，甚至會刻意開啟門或窗戶進行裸露。

很多人都無法理解暴露癖患者，認為暴露癖患者就是流氓，有些女性在遇到暴露癖患者時，都會被嚇哭。但實際上，暴露癖是一種不受患者自控的心理疾病。通常情況下，暴露癖患者並不是危險分子，他們一般不會做出偏差行為，在從陌生異性的驚恐、羞恥和辱罵中獲得心理滿足後，他們就會離去。

所以，如果你不幸遇到暴露癖患者，那麼最好的應對方式就是提高自己的心理承受能力，盡量不要緊張，用平靜的態度來面對他，不理睬他的暴露行為。那麼暴露癖患者就會覺得索然無味，畢竟他是透過暴露來獲得性刺激的，陌生異性越是激動、反應越大，他的性快感就會越強烈。當然，必要的時候及時報警也是一種合理的處理方式。

偷窺與嚴肅的性學研究

　　2017 年 7 月 2 日晚上 7 點左右，某派出所接到了一個報警電話。電話裡，某廣場的一家服裝店的店員說，有人在試衣間裡安裝了鏡頭。警察很快就趕到了現場，果然在試衣間裡發現了一個鏡頭，還附帶著一個白色行動電源，不過並無記憶體卡。

　　警察在調取服裝店和周邊影片監視器後發現了一個可疑的身著黑色衣服的男子。影片中，當一名顧客發現試衣間的鏡頭後，立刻找店員討說法，當時有許多人上前圍觀，而這名黑衣男子卻快速地離開了現場。此外，警察還在影片監視器裡發現，在當天晚上 6 點左右，該男子進入服裝店內，他直接拿起一條褲子就去了試衣間。一個小時後，有人就在試衣間裡發現了鏡頭。該男子離開服裝店後，立刻來到自己的車前，駕駛著一輛白色小車離開了。

　　警察透過調查詢到了車主。但車主的年齡較大，與監視器影片中的嫌疑男子明顯不是同一個人。隨著調查的深入，警察發現車主的兒子黃某與嫌疑男子十分相像。7 月 11 日下午 4 點左右，黃某被警察找到並被傳喚到派出所。黃某很快就承認了自己在試衣間安裝鏡頭的事實。

　　黃某在一家醫藥公司上班，由於女友居住在某市，黃某常常在某市出現。他從網上購買了一個小型鏡頭，還在手機上

下載了該小型鏡頭的 App。之後黃某便帶著小型鏡頭來到了服裝店，他想在試衣間裡安裝試試看，於是就裝作要試衣服的樣子，將鏡頭固定在了試衣間的門板上，由於安裝角度的問題，只拍攝到了試衣者的頭部。在被一名女子發現後，黃某就匆匆離開了現場，並且立刻將手機內的相關 App 解除安裝了。黃某的父母在得知兒子被捕之後，並不吃驚，他們表示黃某從小就有偷窺他人的癖好。

每個人都希望自己能有私人空間，並且十分看重自己的隱私。但同時每個人又都有窺探別人隱私的欲望，這種心理我們通常稱之為「八卦」。「八卦」在我們的日常生活中十分常見，例如親友之間對別人小孩的學業和婚姻情況的熱切關注和討論，名人被偷拍、被傳緋聞等。這種「八卦」心理其實就是人類與生俱來的偷窺欲望，屬於人類好奇心的一種。但我們每個人都知道偷窺的行為是不道德的、罪惡的，因此我們會控制自己的偷窺欲望，不會侵犯他人的隱私。但有些人卻無法做到，他們對他人的私生活有著十分強烈的探知欲，會透過偷窺他人的性生活、更衣、沐浴等方式來獲得心理滿足。例如在上述案例中，黃某喜歡偷窺女性脫衣服；還有的偷窺癖患者喜歡偷窺別人洗澡或者偷拿異性的內衣褲。在這種侵犯他人隱私的偷窺行為中，他們會產生性滿足，漸漸地就將偷窺和性宣洩連繫在了一起，產生一種更強烈的偷窺欲望，並且付諸實際行動來使自己得到滿足。通常情況下，偷窺癖患者的性格都會較內向、害

差，甚至缺乏自信，他們往往無法從正常的人際交往以及性行為中獲得滿足。

傑拉德‧福斯（Gerald Foos）出生在一個人們談性色變的時代，性只與合法婚姻和生育相關，傑拉德的父母也從未在孩子們面前提到和性相關的話題，但這並不能阻擋傑拉德對性的好奇。在傑拉德 9 歲的一個夜晚，他鬼使神差地來到隔壁農舍的窗戶前，準備偷窺一個不到 30 歲的阿姨。這是傑拉德第一次偷窺他人的隱私，這場偷窺一直持續了五六年的時間，每天晚上傑拉德都會用一個小時左右的時間來偷窺鄰居女人。被偷窺的女人有晚上赤身裸體在臥室裡走來走去的習慣，這名女性是傑拉德最初的性幻想對象，也是他偷窺人生的開始。

長大後，傑拉德到海軍服役。退役後，傑拉德回到了家鄉，開始每天無所事事地在街頭遊蕩，他的目的是偷窺那些沒有拉上窗簾的住戶。為了滿足自己的偷窺欲望，傑拉德在 1966 年花費了 14.5 萬美金買下了一家旅館，他在旅館的房頂建造了一個閣樓，這個閣樓就是他偷窺的大本營所在。

為了避免被人發現，傑拉德花了很多工夫改造閣樓。最初他打算在天花板上裝單面鏡，但發現這樣做並不安全，於是就改成了假通風口。後來傑拉德還在假通風口處安裝了百葉窗，將百葉窗用螺絲固定在天花板鋸好的開口上，最後仔細地調整了百葉窗葉片的角度，讓他既可以清楚地看到房間裡的景象，又不至於被人發現。為了防止在閣樓上發出聲響引起住戶的懷

疑，傑拉德還在偷窺口安裝了三層厚厚的毛氈地毯，並用釘子固定、用橡膠帽蓋好。

接下來，傑拉德就開始了令他興奮不已的偷窺生活。起初他十分興奮，只要想到自己可能會看到的場景，他就激動得睡不著覺。除了偷窺外，傑拉德還用鉛筆將所看到的場景都記錄了下來。

在傑拉德的紀錄中，他的第一個偷窺對象是一對夫妻，來自科羅拉多南部。丈夫被派到丹佛出差，妻子隨同他一起來到丹佛。他們在傑拉德的旅館辦理了入住手續，而且還是傑拉德親自為他們辦理的。在為他們辦理入住手續的時候，傑拉德一直在偷偷觀察著這對夫妻，他覺得他們很有「階級」，夫妻二人都受過大學教育，應該是一對完美的被偷窺對象。

但傑拉德所偷窺到的場景卻讓他十分失望。丈夫可能正在因為被派遣到丹佛出差而不滿，他十分注重自己的地位，根本不在乎妻子的感受，兩人在做愛的時候也是例行公事，毫無刺激可言。這讓傑拉德覺得他們生活得並不幸福。

在傑拉德的紀錄中，除了度假或出差的已婚夫妻外，還有未婚的情侶、背著伴侶偷歡的丈夫或妻子，還有白天帶著祕書來開房的商人，甚至還有男同性戀和女同性戀。這些人在平常沒有什麼特殊的舉動，但他們私下裡卻表現得千奇百怪，甚至還有人喜歡在做愛時穿上帶角的綿羊皮草外套。不過傑拉德的紀錄中還是以夫妻居多，傑拉德認為這些夫妻雖然都忠誠於婚

姻，但他們的婚姻並不幸福，因為他們要麼抱怨、要麼爭吵、要麼各自無聊，很少有夫妻能好好享受夫妻生活。

　　和許多旅館老闆一樣，傑拉德每年年底也會清帳，但他所整理的並非普通的帳單，而是自己的偷窺紀錄。他會將所觀察到的對象進行分類，然後做出總結，他認為這份總結報告能反映出社會在性這個問題上的變動發展。雖然傑拉德這種偷窺他人隱私的行為令人唾棄，但他的紀錄卻為性學研究提供了大量的真實資料，對於研究性學的學者來說，傑拉德所偷窺的對象都是理想的研究對象。傑拉德所記錄下的性行為都是真實發生的，沒有預演，也不是在做實驗，都是第一手資料。傑拉德也不認為自己的行為是在偷窺，他覺得自己只是在進行嚴肅的性學研究罷了，他還自稱是「性學鼻祖」。傑拉德的偷窺研究一直持續了 30 年。

　　人是群居動物，一個人在他人面前會盡量表現出一副符合社會標準的模樣，但私下裡卻有可能是另外一副面孔。傑拉德所看到的就是人們私下裡的一面，這是人們的隱私，是不能給外人看到的部分。傑拉德沒有經過他們的允許就偷窺到了他們的隱私，於是傑拉德看到了人性不夠光彩的一面，他也由最初的興奮變成了一個悲觀主義者。傑拉德本以為他能偷窺到和諧美妙的性生活，但這很少遇到，他開始意識到生活是如此無趣，毫無幸福感可言。在傑拉德看來，人性本惡，並且這種惡並不會隨著社會化而消除，社會只會教人們如何欺騙和編織謊

言，人們會進行偽裝，將這種惡隱藏起來。

除此之外，傑拉德還經歷了數不清的謊言和欺騙，他有時甚至會目睹房客們的犯罪行為，例如偷盜、搶劫、強姦和性奴役。

漸漸地，傑拉德開始不滿足於當一個偷窺者，他開始介入房客們的私生活。最初，傑拉德只是在房間的床頭櫃裡放上情趣用品和色情雜誌，然後開始觀察房客們的反應。在傑拉德的紀錄中，只有很少人會表現出憤怒，並將這些東西交給櫃檯。

後來，傑拉德便開始做起了「誠實實驗」，這次有 15 名房客在不知不覺中成了傑拉德的實驗對象，他們都對此一無所知。傑拉德在房間裡放了一個帶鎖的行李箱。在房客辦理入住手續的時候，傑拉德會裝作不經意的樣子，當著房客的面對自己的妻子說，有人打電話說把自己的行李箱忘在了旅館的房間裡，裡面裝著一萬美金。

在傑拉德的紀錄中，只有兩名房客通過了誠實實驗，主動將行李箱交給了傑拉德，剩下的房客都選擇了撬開行李箱，其中包括一名牧師。而當他們看到行李箱裡並沒有一萬美金時，他們會盡快將行李箱扔掉。這個實驗結果讓傑拉德變得更加悲觀，他漸漸變得不知所措起來。

1980 年，著名記者特立斯收到了傑拉德的來信。特立斯早在 1970 年代就成了美國性解放運動中的名人，當時他花費了 8 年時間來蒐集美國性文化的相關資料，還專門寫了一本書《鄰人

之妻》（*A Writer's Life*）。在調查的過程中，特立斯參與了很多性體驗活動。傑拉德邀請特立斯來自己的旅館參觀，並聲稱自己有大量的第一手資料，而當時特立斯正在從事東西海岸的性學研究。

很快，特立斯就來到了傑拉德的旅館。兩人見面後不久，傑拉德就開始滔滔不絕地講起了自己的偷窺經歷，包括偷窺欲望的起源和性幻想的經歷。到了晚上，傑拉德還邀請特立斯和他一造成閣樓上偷窺。在看到別人的隱私生活時，特立斯雖然一直告訴自己不要看了，這是不道德的，但還是忍不住探著腦袋去看，甚至不小心將紅領帶掉進了通風口，紅領帶順著通風口滑進了房客的房間裡。

特立斯很想將傑拉德的故事寫成書，但由於傑拉德不肯使用真實姓名，特立斯只能暫時將想法放置，不過兩人一直保持著聯絡。

2013 年，傑拉德決定放棄匿名權，他藉助特立斯的筆在美國引起了不小的轟動。當時傑拉德的旅館已經被變賣、移平，永遠從地圖上消失了，最關鍵的是法定訴訟時效也過了。

雖然傑拉德承認了自己長時間偷窺他人的隱私生活，但否認自己的偷窺行為會給他人造成傷害，他辯解說自己只是在家中滿足自己特殊的好奇心而已，而且他的房客們並沒有因為他的偷窺行為受到任何影響，實際上房客們根本不知道自己在被人偷窺。

禁忌，翻倍的誘惑力

電影《色戒》（*Samsara*）的主角是個苦行僧人，名叫達世。達世在 5 歲時就進入寺廟修行，在修行上有著很高的天分，年紀輕輕就得到了老僧人阿普的青睞，成了為數不多的幾個完成 3 年 3 月 3 日閉關修行的僧人之一。

閉關修行對於苦行僧人來說十分困難，只有透過了這項考驗才能被尊為「喇嘛」。這次的閉關修行讓達世得到了許多人的尊重，同時提高了他在寺廟中的地位，很多人都覺得他是個高僧。

但在之後的一次宗教儀式上，達世不經意間看到了一位母親哺乳的畫面。從那以後，色慾就在達世的腦海中扎下了根。戒色對於達世來說是必備的修行，但達世越是克制自己，就越會想到那位母親哺乳的畫面。對於達世這樣的苦行僧人來說，女人絕對是個禁忌，他自己也明白，但就是無法控制自己。

不久之後，達世跟隨阿普下山來到了農場主家。在這裡達世遇到了藏女瑟瑪，兩人都注意到了對方。但達世還沒來得及和瑟瑪說一句話，就跟著阿普離開了農場，回到了山上。此時的達世雖然身在寺廟中，但心卻留在了農場中的瑟瑪的身上。達世每天晚上都會夢到瑟瑪，而且每次都會夢遺。阿普注意到後，就將達世帶到了一位老僧人面前。老僧人沒有說話，只是

給達世看了一張圖，上面畫的是男女之事，但把圖放在火上再看，看到的卻滿是骷髏。僧人想藉此告訴他紅顏枯骨，色慾枉然，回頭是岸。但達世最終還是決定還俗下山去找瑟瑪。

達世來到農場後為了接近瑟瑪，就以長工的身分混入農場主家中。後來達世與瑟瑪春風一度，雖然瑟瑪的父母對這個女婿並不滿意，但還是答應了他們的婚事。不久之後，瑟瑪為達世生下了一個孩子，達世從此過上了世俗的平凡生活。由於從小生活在寺廟中，達世並不是一個通曉世事的人，他經常和周圍的人發生衝突，但都被瑟瑪化解，他們的生活也一直相安無事。

在農場裡，農民們種的糧食想要賣出去，就必須透過糧食收購者這個管道，但糧食收購者總會極力壓低糧食的價格，從而賺取高額的差價。達世知道這些後十分不滿，他開始和一些人商量著直接將糧食賣掉，不讓糧食收購者從中牟利。之後為了報復達世等人，糧食收購者燒掉了他們的田地。達世得知後十分生氣，去找糧食收購者討個說法，卻被毒打了一頓。

受傷的達世只能在家中安心養傷，瑟瑪則不得不獨自一人進城賣糧食。這時，一個印度女子上門來討要工錢。印度女子以替人收割糧食為生，她經常為瑟瑪家收割糧食，兩人的關係也不錯。但瑟瑪不知道的是，達世早就對這個年輕美貌的印度女子心猿意馬。在兩人單獨相處的時候，達世鬼使神差地與印度女子發生了關係。完事後，就在兩人整理凌亂的衣衫時，瑟瑪回來了，他們聽到了瑟瑪所騎的馬匹的鈴聲，達世驚慌失措

地將印度女子推出門外。這次偷情雖然讓達世嘗到了一種全新的性愛，但讓他十分愧疚，於是他來到瑪尼堆上進行懺悔。

懺悔時，達世遇到了以前與他一起修行的喇嘛，他告訴達世阿普去世了，還帶來了阿普的信件給他。阿普在信中寫道：「等我們在未來的時空再次相遇的時候，我想知道你告訴我的答案：『哪一個更好？是滿足一千個欲望，還是戰勝一個欲望？』」

阿普的這封信讓達世大徹大悟，他想離開農場，回到寺廟中繼續修行，從世俗生活回到那個簡單的禁欲世界當中。於是達世趁著妻兒熟睡之際偷偷離開，卻在回歸寺院的途中遇到了騎馬追來的瑟瑪。

達世以為瑟瑪要攔住自己，就對瑟瑪說了釋迦牟尼離開妻子尋求真理的故事。但瑟瑪卻提到了釋迦牟尼的妻子耶輸陀羅，耶輸陀羅在釋迦牟尼離開後，拋棄過往生活，剪去頭髮，也過起了苦行的生活。說完，瑟瑪就離開了，而達世則躺在地上嚎啕大哭。

最後，達世重新穿上了僧袍。繞了這麼大一圈後，達世回到了原點，回到了他長大的寺廟中，回到了他禁欲苦修的僧人生活中。表面上看來，結果好像是一樣的，但這個彎子卻是達世必須要繞的。如果達世在與瑟瑪相遇後強行留在寺院內，那麼他未必會徹悟，因為越是被禁錮的欲望就會越強烈，只有當欲望得到滿足後，執念破滅後，達世才能真正得到徹悟，從而斷絕一切欲念。

達世所經歷的種種與禁果效應密切相關。禁果效應是指，越是被禁止的東西，人們就越想得到。情慾對於達世這個血氣方剛的青年男子來說，本就具有一定的誘惑力，佛教的清規戒律更讓這份誘惑被放大。越是被禁止的誘惑，就越會引誘著人們去嘗試，禁忌讓誘惑翻倍。

　　當一個事物被禁止的時候，那麼它就會披上一層神祕的面紗，對人們的誘惑力就會更大，會促使人們去接近和了解它。這個現象基於一種人們渴望獲得完整資訊的心理，當資訊不夠完整時，人們就會產生一種期待心理。此外，人們都不喜歡不確定的事，因為這會讓人產生一種喪失掌控的感覺，於是為了消除這種感覺，人們便傾向於尋找真相，將不確定變成確定，這種心理同樣促使了禁果效應的出現。

　　亞當和夏娃在《聖經》的記載中是世界上第一個男人和第一個女人，最初他們被上帝安排在伊甸園中生活，這裡的生活無憂無慮。上帝警告他們不要去品嘗智慧樹上的禁果，不然會後悔莫及。但夏娃卻無法克制對禁果的渴望，終於在蛇的引誘下偷吃了智慧樹上的禁果，並且引誘亞當和她一起偷吃禁果。結果兩人偷吃禁果的事情被上帝知道了，他將亞當和夏娃貶到了人間，從此以後兩人無憂無慮的日子結束了。越是被禁止的東西，就越是能激起人的反抗心理，這也是為何夏娃和亞當偏要偷吃禁果。

　　反抗心理也是好奇心作祟，提起好奇心，就不得不提一個

古希臘神話故事。萬神之神宙斯交給一位名叫潘朵拉的女孩一個神祕的小匣子，並且告訴她，千萬不能打開匣子，不然會為人間帶來嚴重的災禍。潘朵拉本來也不想打開匣子，但她實在太好奇匣子裡到底裝著什麼，於是在好奇心的驅使下她最終開啟了匣子，災禍從匣子中飛出，從此遍布人間。

這兩則故事說明，每個人都有好奇心理和反抗心理，這是人類的天性。正是這樣的心理促使人們去品嘗禁果，儘管禁果並沒有想像中的那樣美味。

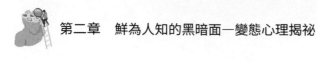

第二章　鮮為人知的黑暗面—變態心理揭祕

第三章　自戀以上，障礙未滿
── 極端自戀者

我就是獨一無二的

　　小張從小就是一個很優秀的人，他學業成績優異，在學校裡也很受同學歡迎。但是小張總是出現一些頂撞老師的過激行為，為此常常被老師甚至校長請到辦公室輔導。面對師長的批評，小張就是不領情，甚至還會和老師發生衝突，在他看來那些人根本沒有資格教訓自己。

　　大學畢業後，小張找了一份不錯的工作，他做得也不錯，幾年後就成了部門經理。像小張這樣一個鬥志昂揚且前途光明的人，在同事們之間也很受歡迎，許多同事都覺得小張是個非常有魅力的人。但也有不少同事很不喜歡小張，因為他待人太苛刻了，對周圍人充滿了質疑，在他的眼裡，只有他自己才是正確的。而且小張對財富和權力有著非同尋常的痴迷，當他面對自己的上級時，總會表現得畢恭畢敬，但實際上他很嫉妒上級所擁有的地位。

　　當小張成為部門經理後，他開始要求下屬必須按照自己的意願工作。凡是迎合他並且對他保持絕對忠誠的下屬，小張都會毫不吝嗇地給予對方獎勵，但如果有下屬違抗他，就會被小張掃地出門。於是小張漸漸成了下屬們心中既可敬又可怕的上級。

　　小張在對待戀人時也採用了相同的態度，他要求對方對自

己絕對的忠誠和服從，自己卻一直肆意妄為，當戀人提出異議時，小張就會和對方分手。後來小張結婚了，對方是個有著天使臉蛋、魔鬼身材的美女。結婚後，小張向妻子提出了一個要求，他要求妻子辭去工作，在家專心照顧家庭，妻子接受了小張的提議。

後來妻子為小張生下了一個兒子，由於懷孕和哺乳，妻子的身材有些走樣，這讓小張受不了，於是他與一名女子發生了婚外情。此後小張常常與情婦廝混在一起，很少回家。

在家裡，小張就是國王般的存在，不論是妻子還是兒子都必須遵從他的命令。小張很疼愛兒子，他會盡量滿足兒子的種種要求，例如購買昂貴的玩具給兒子。為了讓兒子接受良好的教育，小張花重金將兒子送進了國際幼稚園。但小張卻很少花時間陪伴兒子，每當兒子提出一起去遊樂園玩耍的請求時，小張都會說自己沒有時間，還讓兒子好好珍惜現有的優越生活，這些都是自己辛苦賺來的。

幾年後，小張的妻子再也無法忍受這種名存實亡的婚姻生活，於是向小張提出了離婚。妻子的離婚提議讓小張十分憤怒，他決定給妻子一些顏色看看，於是就花重金請了一位頗有名氣的律師幫他打官司，希望達到讓妻子淨身出戶的目的。此外，小張還到處向親朋好友散播妻子不忠的謠言，說妻子是個亂搞男女關係的人。實際上，真正出軌的人是小張。為了爭奪兒子的撫養權，小張還威脅妻子，如果不把兒子的撫養權給

他，那麼他就切斷他們母子的經濟來源。

　　小張的種種表現與自戀型人格障礙非常符合。患有自戀型人格障礙的人會偏執地認為自己是最好的，在他們的心中永遠只有自己，因此他們很難與他人建立親密關係。對於未婚者而言，患有自戀型人格障礙的人會認為自己的一切都是世界上最好的，如外貌、能力等；而對於已婚者而言，他們還會認為自己的孩子是世界上最好的，無人能比。

　　患有自戀型人格障礙的人擁有極強大的控制欲，凡是與他相關的人、事、物，都必須聽從他的安排，並認為只有自己的安排才是最好的、最合理的。一旦遭到對方反對，他就會否定或是直接拋棄對方。

　　雖然患有自戀型人格障礙的人在人際關係上是有缺陷的，但他們並不為此而感到痛苦，他們會自戀地認為是他人有眼無珠，把責任推到他人身上。最讓自戀型人格障礙者感到痛苦的是失去掌控，當他們感覺自己對某件事情或某個人失去控制的時候，他們就會因為自我否定而痛苦。這種自我否定甚至會讓他們的自我世界出現崩塌，他們會由此產生恐懼和焦慮，乃至絕望。

　　自戀的心理其實每個人都有，尤其是當一個人面臨巨大的壓力時，為了保護自己的自尊，他「不得不」自戀一下，將注意力集中在自己的「成就」上，極力維護自己的形象，從而忽略他人的感受。可是這種自戀心理並不會一直持續下去，當我們恢

復正常狀態的時候，自戀心理也就隨之消失了，我們會將注意力從自己身上轉移，並拾起暫時被自己丟掉的同理心。

在現實生活中，許多自戀者的表現雖然並未達到上述的自戀型人格障礙的程度，但也反映出一定的心理問題。他們往往認為自己是獨一無二且高人一等的存在，天生就應該享有特殊的待遇，並且傲慢自大，要求所有人都必須尊重他們。自戀心理在人類社會中十分普遍，而且形式多樣。但如果一個人的自戀已經達到了自我膨脹和缺乏同理心的程度，那麼這類人的言行就會給周圍人帶來極大的傷害，但由於這類人並沒有達到自戀型人格障礙的標準，所以被稱為極端自戀者。

小王是一個國小老師，除了工作外，他經常利用業餘時間去幫助家境貧困的學生，在許多人的眼中，小王是一個值得尊敬的老師。但在丈夫和孩子們的眼中，小王卻是一個很難相處的人，因為他們總是不知道怎麼就觸怒了小王。

後來丈夫漸漸發現，小王是一個很喜歡一切都圍繞著她轉的人，她必須得是中心人物。每當一家人坐在一起吃飯的時候，小王就會將話題引到自己身上。當丈夫提到自己在工作中的一些小成就時，孩子們的注意力自然而然地會集中到爸爸身上，但小王卻無法忍受，她會強制性地將話題轉移到自己身上。幾年後，丈夫和小王離婚了，兩個孩子的撫養權都被小王爭取到手中。

自從離婚後，父親就成了家中的禁忌話題。小王禁止孩子

們與父親聯絡，甚至孩子們只要提到父親就會惹小王生氣。有一次，大女兒不小心提到自己過生日時收到了父親送給她的禮物，這讓小王很不舒服。從那以後很長時間，小王對大女兒都非常冷淡，總是找機會挖苦和諷刺大女兒。

當然更多的時候，小王是比較偏愛大女兒的，與調皮的小兒子相比。大女兒是個很讓人省心的女孩，她的學業成績優異，同事們都非常羨慕小王有這樣一個聽話懂事的女兒。小王也總是樂此不疲地在同事們面前誇獎女兒，這讓她覺得很滿足。

小王對女兒的寵愛在女兒大學畢業找到工作之後就戛然而止了，當女兒告訴她自己找到了一份不錯的工作時，小王只送上了幾句祝福，這讓女兒覺得母親並不開心。漸漸地，女兒在與母親相處時，從來不會提及自己在工作上取得的成就，不然就會招致母親的反感。

表面上看來，小王與自戀型人格障礙並沒有明顯的關聯，她的自戀表現也不像上述案例中的小張那樣明顯，但小王的自我膨脹和帶給家人的痛苦仍是巨大的。她總是以自我為中心，常常不顧及家人的感受，當丈夫或孩子們取得成就時，她就會心生嫉妒，從而表現出生氣的情緒。與家人聚餐時，小王對丈夫和孩子們說的話一點興趣也沒有，她總是將話題的焦點集中在自己身上。這就是極端自戀者的表現。

在人際交往中，我們必須遵守一些基本的道德準則，例如互助互愛。但極端自戀者卻不會遵守這些道德準則，他們對他

人的感受往往採取漠視的態度，或者根本不在意他人的感受，他們所需要的只是對方放棄自己的想法來迎合他們。因此與極端自戀者的相處，會讓人覺得很痛苦，因為極端自戀者與他人相處時的行為是掠奪式的，他們隨時都在提高自信和證明自己的價值，來打壓和貶低他人。

對羞恥感進行殘酷打壓

　　小潔是一個大一新生，剛來到一個新環境裡，小潔還沒有什麼朋友，一個月後，她與室友小可成了好朋友。兩人的關係非常親密，她們有著相同的愛好，喜歡相同的音樂、電影和電視節目，她們在一起無話不談。在小潔看來，能在這麼短的時間內交上這樣一個知心朋友，真是一件非常幸運的事情。小可也總是對小潔讚不絕口，認為能和小潔成為好朋友十分快樂。

　　隨著時間的推移，小潔對周圍的環境越來越熟悉，她開始有了除小可之外的新朋友，課餘時間也不再總是和小可膩在一起。小潔希望自己與小可之間的友誼還能像以前一樣，於是她就將自己的新朋友介紹給小可，她希望大家可以好好相處，都能成為可以玩在一起的好朋友。

　　但是小可的表現卻讓小潔十分失望。小可的態度非常不友好，她嘲笑小潔的朋友們，要麼覺得對方的穿著可笑，要麼說對方的笑聲難聽。小潔覺得小可是在排斥自己的新朋友，她在嫉妒自己與他人的友誼。從那以後，小潔就盡量避免將新朋友帶到小可面前。

　　後來，小潔被一個男生告白。小潔對這個男生的印象不錯，就決定與對方交往看看。當小潔興奮地將這個消息告訴小可時，對方雖然表示祝福，但笑得很勉強，她還對小潔說，讓

小潔多留個心眼，男人都很壞，一開始會對妳很好，但時間長
了妳就會發現，那都是假的。小可的這番話讓小潔很不高興，
但她並未表現出來。之後，小可提出週末一起聚會。小潔告訴
小可，她和男友安排了約會。小可立刻表現得很難過，她說小
潔是自己最好的朋友，她不相信小潔是個見色忘友的人。小潔
只能一邊安慰她，一邊提出可以下週末一起聚會的合理建議，
誰知小可卻怒氣沖沖地離開了。

　　週末到了，小潔與男友約會時，總會收到小可的簡訊。後
來小可發的簡訊的內容讓小潔越來越生氣，因為小可說小潔是
個自私自利的壞朋友。

　　第二天，小潔在學校裡遇到了小可。小潔還沒來得及質問
小可，小可就先向小潔道了歉，並解釋說昨天自己的心情非常
不好，發的簡訊確實很過分，希望小潔能原諒她。小潔雖然表
示原諒小可的無理行為，但提出了一個建議，她希望小可最近
不要來找自己了，兩人暫時保持距離會更有利於這段友誼的維
持。聽到這話後，小可變得非常生氣，並且罵小潔是個騙子。

　　從那以後，小可的確沒有來找過小潔，但卻帶給小潔的生
活不少麻煩。小潔從別的朋友那裡得知，小可到處說她的壞
話。按照小可的說法，她之所以和小潔斷絕了關係，是因為發
現小潔是個行為不檢點的女生，到處勾搭男同學。

　　很快，小潔又收到了小可的簡訊。這些簡訊並不是來道歉
的，而是侮辱和攻擊小潔的。最後小潔與小可徹底決裂了，為

了不再被小可騷擾，小潔只能更換了手機號碼。

　　雖然從表面上來看，小可只是個喜怒無常的人，但實際上她是個極端自戀者。在小可看來，她必須是好朋友生活的中心，好朋友所有的注意力都必須集中到她的身上。一旦好朋友無法滿足她的這種需求，她就會刻意詆毀對方，並且會一邊詆毀，一邊誇大自己的形象，毫不顧忌好朋友的感受。小可的這種行為在極端自戀者的身上十分常見。有不少人都會遇到像小可這樣的極端自戀者，當他們自己意識到在與極端自戀者的交往中只會感受到痛苦時，他們就會切斷與極端自戀者的關係，但會因此遭到極端自戀者的報復和騷擾。

　　那麼，極端自戀者為什麼要這麼做呢？這與人人都有的羞恥心理相關。在上述案例中，當小潔有了新的朋友和男友的時候，小可開始覺得自己不再是好朋友生活的中心，她會產生一種被孤立的感受。這種感受會讓她產生羞恥感，從而感到痛苦。為了壓抑羞恥感，小可就將一切責任都推卸到小潔身上，斥責小潔是個騙子。當兩人的友誼破裂時，小可會毫不猶豫地詆毀小潔，甚至給對方捏造一些莫須有的罪名，這樣小可就不會對自己產生羞恥感了，從而形成一種錯誤的幻覺，即造成友誼破裂的責任都在小潔身上，與自己無關。

　　提起情緒，人們會想到快樂、憤怒、悲傷等，這些情緒都屬於基本情緒，可以說是一個人與生俱來的。當一個嬰兒幾個月大的時候，他就可以根據對方的情緒表現來完成人與人之間

的交流。例如在視覺懸崖實驗中，嬰兒在爬到視覺懸崖的深側時會去觀察母親的表情，如果母親是鼓勵式的表情，那麼嬰兒會勇敢地爬過去；如果母親是擔憂的表情，嬰兒就會停止爬行。

除了基本情緒之外，人們還會在社會化的過程中掌握一些高級情緒，例如羞恥、嫉妒、自豪等。這些高級情緒與自我意識密切相關，會增強或傷害自我意識，因此也被稱為自我意識的情感。當一個人意識到自己出錯或是帶給他人傷害的時候，就會產生一種羞恥感。雖然羞恥感可以幫助我們調整自己的行為，但會傷害自我意識，使一個人變得消極起來。

隨著年齡的增長，嬰兒會漸漸意識到自己是個獨特的個體，自我意識由此產生，隨之而來的就是自我意識的情感。通常情況下，像羞恥感這樣的自我意識情感會在嬰兒 1 歲半以後出現。當嬰兒覺得羞恥的時候，他們會有垂下眼皮、低下頭、用手摀臉等行為。

極端自戀者會對自己的羞恥感進行殘酷的打壓，以防止羞恥感對自我意識造成傷害，他們常常有著非同常人的自尊心。他們看不到自身的缺陷和所犯下的錯誤，甚至會刻意誇大自己。

價值感是一種對維護自尊心十分重要的感受。在人與人的交往中，我們需要他人的鼓勵和尊重來獲得自我價值感，從而建立並維護自尊。當一個人被誇獎的時候，他的自我感覺就會良好，就會越發肯定自我價值；相反，如果一個人遭受了批評，那麼他就會產生一種被傷害的感覺，就會質疑自我價值。

如果一個人總是遭受批評，那麼他的自尊心就會受到嚴重的傷害，處於低自尊的消極狀態中。這時他最常見的表現就是將自己保護起來，避免被他人再次傷害，他往往會進行自我欺騙，這樣做雖然會讓他遠離客觀事實，但卻可以減少因自尊受打擊而產生的傷害。只不過這種策略雖然奏效，但只能短期運用，不然他就會成為一個極端自戀者，將所有的責任都推卸給外界，無法意識到自身的不足。

　　一天早晨，麗麗晚起了，這意味著她可能會遲到，這讓她十分沮喪。到了公司，麗麗被部門經理叫到了辦公室。部門經理提到了麗麗遲到的問題，他表示雖然遲到不是什麼大問題，但可能會影響麗麗的狀態，讓她在工作中出現一些小失誤，這會影響麗麗的工作品質和效率。

　　回到自己的職位上後，麗麗感覺很糟糕，她難以集中注意力，開始不停地回想部門經理的話。越回想，麗麗就感覺越糟糕，她開始覺得自己就是個失敗者。後來麗麗安慰自己，雖然她在工作中有一些小失誤，但誰在工作中會沒有失誤呢？

　　下班後，麗麗的心情依舊不好，於是她取消了與男友的約會，她覺得自己的狀態不好，很難快樂地去約會。麗麗決定回家好好休息一下。回家後，麗麗接到了男友的電話，男友提出他們需要冷靜一下。這讓麗麗的情緒一下子崩潰了，她將男友臭罵了一頓。

　　許多人都有過像麗麗這樣的糟糕經歷，但並不會像麗麗那

樣採取攻擊親近之人的方式來逃避痛苦。對於極端自戀者來說，哪怕是一點批評，甚至只是建議，也會招來他們的攻擊，因為這讓他們產生了羞恥感，他們的自尊心受到了打擊。為了避免繼續痛苦下去，他們就只能指責、攻擊他人。

對於極端自戀者來說，羞恥感是他們無法接受的消極情感，於是他們壓抑羞恥感，從而表現出一副傲慢自大、毫無羞恥感的樣子。為了消滅羞恥感所帶來的痛苦，極端自戀者會做出傷害他人的事情，例如造謠別人，像之前案例中的小可一樣，說朋友的人品有問題；或者像上述案例中的麗麗那樣斥罵男友。總之，極端自戀者為了防止自己承受羞恥感帶來的痛苦，會不惜傷害他人，哪怕這個人與自己的關係非常密切。

除了贏，別無所求

　　美國職業腳踏車運動員蘭斯・阿姆斯壯（Lance Edward Armstrong）早年生活十分艱辛，在他出生的時候，他的母親琳達・穆尼漢（Linda Mooneyham）只有 17 歲，還在上高一。蘭斯的生父埃迪也很年輕，他和琳達只是男女朋友關係。在琳達懷孕後，埃迪只能勉為其難地答應與琳達結婚。年紀輕輕的琳達和埃迪因為生活壓力常常發生爭吵，埃迪還是像以前一樣常常和不良的朋友廝混，每當琳達阻止他的時候，兩人就會激烈地爭吵。

　　在蘭斯出生後，琳達和埃迪所面臨的生活壓力就更大了。許多人都覺得琳達不應該生下蘭斯，這個孩子會成為她的累贅，但琳達卻抱著孩子逢人就說：「這是我的孩子蘭斯，你們會記住他的！」

　　由於與埃迪的矛盾越來越深，琳達在兒子兩歲時與埃迪離婚，她和父親住在一起，並且努力賺錢。但此時的埃迪卻開始糾纏琳達，他要琳達帶著孩子搬回去，在被琳達拒絕後，他開始不停地找琳達麻煩。不堪騷擾的琳達只能報警，最終埃迪總算從琳達和蘭斯的生活中消失了。雖然沒有了埃迪的騷擾，但琳達的生活依舊十分困難，她當過女傭、郵差和清潔工，每月所賺的錢少得可憐，在付過房租之後就所剩無幾。

　　琳達在與埃迪離婚一年後，嫁給了一個名叫特里‧阿姆斯壯的男子。特里的工作需要他長期出差，基本上很少在家。但只要特里在家，他就會按照運動員的標準訓練蘭斯。在蘭斯 7 歲時，特里送給他一輛登山車，並要求蘭斯每天騎著登山車在山路上來回練習。由於特里的要求太嚴格，蘭斯有時會受不了而哭泣。每當蘭斯哭泣時，特里就會斥責他，並命令他把眼淚收回去，要像個男子漢一樣堅強。雖然蘭斯十分討厭繼父嚴苛的管教，但這種痛苦的訓練卻讓蘭斯在 5 年級時一舉獲得了校長跑冠軍，又在州游泳賽中奪得第 4 名，以及州少年組鐵人三項賽的冠軍。

　　蘭斯得到了一筆豐厚的比賽獎金，這筆錢不久就花在了醫院裡，因為琳達因子宮肌瘤住院了。在琳達住院時，蘭斯一直盡心盡力地照顧她，醫院裡的護士們都很羨慕琳達有這樣一個孝順的兒子。

　　隨著年齡的增長，蘭斯越來越不服從繼父的管教，他開始和特里正面衝突，有時甚至會與他拳腳相加。後來蘭斯意外發現特里出軌，他和特里再次發生激烈爭執。不久，琳達就和特里離婚了。得知母親和繼父離婚後，蘭斯十分高興，他終於擺脫了特里的控制，為此他還專門開了個派對來慶祝。

　　1987 年，15 歲的蘭斯參加了「總統盃鐵人三項」比賽，並在上千名成年選手中獲得了第 32 名的成績。第二年，蘭斯再次參加這項比賽，這次他獲得了第 5 名。之後的蘭斯一直不停地

參加比賽，不停地奪取比賽獎金，這也成了蘭斯和琳達的主要經濟來源。

除了參加比賽外，蘭斯的主要時間都花在了訓練上，他深知只有比賽才能改變自己的命運，為此他十分努力和刻苦，甚至有些瘋狂。在一次比賽前，蘭斯在訓練時受了重傷，但他還是堅持參加了比賽，並闖入了前三名。後來，蘭斯參加了世界青年腳踏車錦標賽，奪得全美業餘賽冠軍，並因此被選入國家隊。

1993 年，蘭斯參加了一項重要比賽，如果蘭斯能贏得冠軍，他將會獲得百萬美元的獎金。終於，蘭斯成功了，他第一個衝過了終點線，在快要臨近終點時他高聲對著琳達喊道：「媽媽！我們再也用不著受窮了！」最後，蘭斯撲到琳達懷裡放聲大哭。

1996 年，蘭斯參加了環法蘭德斯賽，在贏得比賽後蘭斯突然覺得自己的身體不對勁，他感覺渾身無力。在參加環法腳踏車賽時，蘭斯出現了睪丸脹痛、咳嗽不止的症狀，為此他不得不退出比賽。之後蘭斯參加了亞特蘭大奧運會，這次蘭斯輸掉了比賽，因為他的身體已經出現了問題。蘭斯來到醫院接受檢查，檢查結果讓蘭斯十分震驚，他患上了睪丸癌。於是蘭斯不得不暫停訓練，到醫院接受治療並做了手術。手術很成功，不過由於癌細胞已經擴散，接下來等待蘭斯的將是漫長而痛苦的化療。經過不懈的堅持，蘭斯的腫瘤指標開始下降，他的身體

漸漸恢復健康，他開始試著鍛鍊和參加訓練。

　　一年後，蘭斯參加了歷時 5 天的環西班牙腳踏車賽。在參賽前，蘭斯只是抱著試試看的心態，但所獲得的成績卻讓蘭斯十分驚訝，他獲得了第 14 名。1999 年，蘭斯參加了環法腳踏車賽，並成功奪冠。這在美國引起了不小的轟動，蘭斯是第一個獲得環法腳踏車賽冠軍的美國人。Nike 公司派專機接蘭斯回國，等待蘭斯的是一場盛大的招待會，就連紐約市市長都出動了，上百萬市民夾道歡迎蘭斯回國，他顯然已經成了眾人心中的英雄。此外，華爾街也邀請蘭斯敲響交易所大鐘。

　　之後的幾年內，蘭斯一直在環法腳踏車賽上創造奇蹟，當他於 2004 年第六次獲得環法腳踏車賽的冠軍時，時任美國總統布希（George W. Bush）將越洋電話打到了凱旋門並對蘭斯說：「你真讓人敬畏！」

　　在 1999 年到 2005 年期間，蘭斯連續七次獲得環法腳踏車賽的車手總冠軍，這在環法腳踏車賽的歷史上實屬罕見，簡直可以稱之為奇蹟。關鍵是蘭斯還曾身患癌症，他是在 1998 年康復之後創造了環法腳踏車賽七連冠的奇蹟。這讓蘭斯成了許多人心目中的英雄，同時也招致了許多人的懷疑。懷疑者認為蘭斯是靠服用禁藥興奮劑才贏得了冠軍，美國反興奮劑機構也一直在調查蘭斯。

　　在面對質疑者時，蘭斯的態度異乎常人的冷酷，凡是公開質疑過他的人，都被他運用財富、盛名和媒體關係打壓和報

復。其中記者大衛・華許（David Joseph Walsh）就領教過蘭斯的手段。為了避免繼續被蘭斯報復，大衛只能選擇不再質疑。

大衛的消息是從一個名叫艾瑪的女人那裡得知的，艾瑪曾經做過蘭斯的領隊，她了解蘭斯使用興奮劑的內幕。當蘭斯得知是艾瑪告訴了大衛他服用興奮劑的消息後，立刻公開攻擊艾瑪，說艾瑪是個酒鬼和蕩婦。

隨著質疑者和證人越來越多，美國反興奮劑機構所掌握的證據也越來越充分，最終對蘭斯提起訴訟。面對反興奮劑機構的起訴，蘭斯立刻展開了報復和反擊，他到處詆毀反興奮劑機構。但最終，蘭斯服用興奮劑的嫌疑被證實，他也被相關機構取消了 1998 年以後獲得的所有冠軍以及參賽資格。

蘭斯在面對質疑時所做出的種種舉動顯然是有些過激的，甚至已經到了對質疑者發動人身攻擊的程度。蘭斯為什麼要這麼做呢？很顯然，蘭斯是在極力維護自己勝利者的地位。在蘭斯的自傳中，他一直將自己標榜為勝利者，他將自己的整個人生都視為比賽。蘭斯在身患癌症的時候，他就將癌症當作自己必須戰勝的敵人。在蘭斯的描述中，他是個很愛爭強好勝的人，從小就有十分強烈的競爭意識，這種競爭意識幫助蘭斯擺脫了貧困的生活，贏得了人們的崇拜和讚揚。儘管蘭斯因為服用興奮劑而身敗名裂，但他一直不認為那是自己犯下的錯誤，他將所有的責任都推卸到了記者大衛等質疑者的身上。

對於像蘭斯這樣的極端自戀者來說，人只分為兩種，即勝

利者和失敗者，而他就屬於勝利者。當他取得勝利的時候，他就會產生一種優越感，認為自己打敗了那些平庸的人。因此他無法忍受失敗和他人對自己身為勝利者的質疑。此外，極端自戀者還常常強迫他人扮演失敗者的角色，因為只有這樣才能襯托出他作為勝利者的形象。

蘭斯的這種自戀心理與他的早年生活有著十分密切的關係。在一個人成長的過程中，健康的成長環境會使他建立起自信心。當然，這種健康的環境並不意味著必須是完美的，只要是普通的、溫馨的成長環境即可，我們可以從身為普通人的父母那裡獲得關愛和理解，從而滿足我們的情感需求。

顯然，蘭斯的成長環境與普通家庭相差甚遠，甚至可以說十分糟糕。他的生父在他很小的時候就退出了他的生活，母親只能用微薄的薪水撫養他，這讓他從小飽受貧困的折磨。雖然母親再嫁了，但這段婚姻並不幸福，這一切蘭斯都看在眼裡，而且蘭斯與繼父的關係非常糟糕，繼父顯然不是一個有耐心的父親，常常打擊蘭斯。這樣糟糕的成長環境無法讓蘭斯建立起自信心，他總是被自卑折磨著，在他的潛意識裡他是個失敗者。

失敗者的認知會對蘭斯的精神造成痛苦的折磨，為了擺脫這種痛苦，蘭斯只能幫自己編織一個勝利者的幻想，並且一直朝著成為勝利者的目標前進。為了取得勝利，蘭斯不僅付出了常人難以想像的努力，還採取了一些非常手段，比如服用禁藥興奮劑。當蘭斯成為勝利者之後，他開始想盡辦法維護自己勝

利者的地位，在他的人生中只有贏，凡是撼動他勝利者地位的人都會被他報復和打擊。

　　像蘭斯這樣極端的自戀者在現實生活中是十分危險的，因為他們需要失敗者來襯托自己，而這個失敗者一定是比他更加無助的人，他們不會將比自己強大的人視為失敗者。例如很多校園欺凌者，他們透過欺負弱小者來襯托自己「勝利者」的身分，從而擺脫潛意識裡自卑感的陰影。

輸不起的運動員

2009 年 11 月 28 日，美國著名高爾夫球運動員老虎伍茲（Tiger Woods）在高速公路上發生了車禍，他的車衝出了高速公路路面，撞上了一棵大樹和一個消防栓。就在車禍發生的前幾天，老虎因涉嫌出軌而被媒體廣泛關注，人們紛紛猜測老虎的車禍應該與出軌事件密切相關。

老虎伍茲的妻子艾琳（Elin Nordegren）是一位瑞典泳裝模特兒，長相和身材都不錯。艾琳在與老虎結婚後就專心當家庭主婦，一邊全力支持老虎的事業，一邊為老虎生下了一兒一女。在許多人的心中，老虎和艾琳是完美的一對，他們的婚姻十分幸福美滿。誰也想不到，老虎不僅出軌了，還擁有眾多情婦。

隨著媒體一步步挖掘出老虎的桃色新聞，老虎的情婦數量已經從 6 個上升到了 11 個，這些情婦從派對女郎、單親媽媽、模特、女鄰居、夜店服務員，到狂熱粉絲的女朋友，可以說是無所不包。人們甚至調侃老虎的情婦可以組成一支足球隊，那這支足球隊一定是最「美」的球隊。隨著「偷情」事件愈演愈烈，老虎終於公開承認自己對妻子的不忠，甚至還聲稱他將無限期離開高爾夫球賽場以挽回自己的婚姻。

老虎這麼說當然是自欺欺人，在這段婚姻中，他從來不在乎妻子的想法和感受，他在乎的只有自己。當然，老虎對自己

的情婦們也是如此，他只考慮自己的需求，如果不是老虎聲名在外，不會有哪個女人願意成為他的情婦。那些情婦在接受媒體採訪的時候，都說老虎是個無比冷酷、卑鄙的人。

作為一名優秀的高爾夫球運動員，老虎從小就顯露出了非凡的打高爾夫球的天賦。年僅 3 歲，老虎就創造了 9 洞 48 桿的成績；5 歲時，老虎登上了《高爾夫文摘》（*Golf Digest*）雜誌；18 歲時，老虎成了美國最年輕的業餘比賽冠軍。像老虎這樣的天才式運動員從小就是媒體的寵兒。老虎在接受媒體的採訪時，總是表現得十分自信，甚至有些狂妄，他聲稱自己人生中最有趣的事情就是在比賽時打敗所有人。當被問及最喜歡的運動員是誰時，老虎回答說沒有這個人。

和許多職業運動員一樣，老虎也會遭遇職業瓶頸。當老虎遭遇失敗的時候，他那暴躁的脾氣就會變得尤為恐怖，他甚至不會顧及有鏡頭在拍他，會不停地咒罵，還會將球桿扔到攝影機上。作為老虎助手的球僮常常會成為老虎發洩怒火的對象，儘管球僮並未做錯什麼，老虎也會將失敗的責任都推卸到球僮身上，說自己的失敗都是球僮導致的。

雖然運動員所追求的目標都是勝利，但他們一般也都有面對失敗的心理準備。但這種心理準備在老虎這裡是不存在的，他無法接受失敗，為了取得勝利甚至會不擇手段，例如在比賽時故意干擾對手。因此，媒體都稱老虎是個「輸不起的運動員」。

在許多人看來，老虎是一個充滿了魅力的高爾夫球運動員，不然也不會吸引那麼多女人成為他的情婦。但凡和老虎親密接觸過的人，都無法忍受老虎，因為老虎身上有兩個讓人難以忍受的致命缺點，即唯我獨尊和忽視他人的感受，這恰恰是極端自戀者所擁有的兩個顯著特徵。

像老虎這樣的人，他們無法接受失敗。當他們取得勝利時，他們會顯得十分自信和驕傲，可是沒有人會一直勝利。對一般人來說，勝利固然會使人感覺良好，但失敗並非不可忍受，失敗固然痛苦，但並不會引起強烈的自卑和羞恥感。但對於像老虎這樣的極端自戀者來說，他們會因失敗而陷入難以忍受的自卑、痛苦中，為了避免被痛苦折磨，於是他們將失敗的責任都推卸到他人身上。

老虎之所以會成為「輸不起的運動員」，與他的父親厄爾‧伍茲（Earl Woods）密切相關。雖然厄爾只是一個普通人，沒有取得像老虎這樣令人矚目的成就，但他和老虎一樣都是對家庭不負責的男人，常常出軌。

厄爾的第一任妻子芭芭拉在和厄爾談戀愛時，曾將厄爾帶到自己家中與祖母見面。這位老婦人一眼就看穿了厄爾是個不負責的男人，她勸芭芭拉盡快與厄爾分手，不然以後要吃苦，因為厄爾一看就是一個自私的男人，他根本不會愛他人，即便這個人是他的妻子或孩子。但芭芭拉還是堅持嫁給了厄爾。婚後沒幾年，厄爾就向芭芭拉提出了離婚，因為他有了情人。

在這段婚姻中，厄爾明明是過錯方，卻一直將婚姻失敗的責任推卸到芭芭拉身上，讓芭芭拉變得非常頹廢，最終在渾渾噩噩之中簽下了離婚協定書。

離婚後，厄爾與一名泰國女子庫蒂達結婚。庫蒂達為厄爾生下了老虎。在老虎出生後不久，厄爾迷上了高爾夫球運動，並決定將老虎訓練成高爾夫球運動員。

在與老虎相處的過程中，厄爾根本不像一個父親，他自己也承認從來沒有將老虎看成一個孩子。每當老虎沒有達到厄爾的要求時，厄爾就會將老虎批評得一無是處。在這樣的教育下，老虎長期處於一種自我厭棄的自卑感之中。為了消除這種自卑感，老虎只能成為像父親那樣的極端自戀者，用自戀的姿態小心翼翼地維護著自己的自尊。

厄爾與庫蒂達結婚後，依然沒有改掉偷情的毛病。在厄爾陪著老虎參加美國職業高爾夫球巡迴賽的時候，他會利用業餘時間和各種女人在飯店裡偷情。就連厄爾的姐姐都看不下去了，她雖然疼愛弟弟厄爾，卻對厄爾屢次偷情的行為深感不齒，她甚至說如果厄爾是自己的丈夫，那麼她一定會開槍打死他。

厄爾除了到處炫耀老虎在高爾夫球場上取得的成就外，還常常吹噓自己如何偉大。凡是熟知厄爾的人都說他是世界上頂級的吹牛者。為了讓別人覺得自己了不起，厄爾還常常撒謊，例如謊稱自己是某支球隊的得力幹將。這種情況在老虎的身上

也常常出現。在一次採訪中，老虎為了顯示自己作為一個有黑人血統的運動員取得成就是多麼不容易，就謊稱自己在幼稚園時曾被幾個大孩子綁在樹上，身上還被噴上了「黑鬼」的字樣。最終，這個謊言被老虎的老師拆穿。

隨著年齡的增長，老虎在高爾夫球場上取得的成就越來越大，這讓厄爾十分滿意，他開始不停地誇獎老虎，甚至聲稱老虎將是一個改變世界的男人。這種過度的誇讚只會讓老虎變得越來越自戀。

那麼，又是什麼因素導致厄爾成了一個極端自戀者呢？厄爾出生在一個問題家庭裡，他從小沒有享受過母愛，他的母親精神不正常。在一個人的生命早期，與母親進行良好的互動，從而建立起愉快的母嬰關係對一個人的心理健康是十分重要的。如果一個人無法與母親進行良好互動，那麼他的心理必將是不健全的，他會用一種防禦的心態來對待周圍的人。也就是說，他只會愛自己。厄爾的父親也不稱職，常常會不分場合地發脾氣。於是厄爾就成了一個極端自戀者，用自戀來對抗內心深處的自卑感。

在一個人成長的過程中，自尊的建立十分重要。如果一個人像厄爾一樣，成長於一個十分糟糕的環境中，那麼他極可能會成為一個極端自戀者。但如果一個人與厄爾的遭遇相反，像老虎那樣，從少時起就接受了太多的誇讚，也容易形成極端自戀的性格。

在滿是誇讚的環境中長大的人，無法建立起客觀的標準，對自己無法形成一個正確的認識。漸漸地，他們會變得自大和膨脹起來。但隨著接觸的世界越來越寬廣，脫離了父母為自己創造的那個小世界後，他們開始意識到這種自大是錯誤的，自己根本不是父母所誇讚的那樣優秀，於是強烈的羞恥感就產生了，為了壓抑羞恥感，他們只能變得極端自戀。就像老虎一樣，他從小就在高爾夫球賽場上屢獲成功，得到了太多的誇讚，有來自父親的，也有來自媒體的。於是，他自大地認為自己就是天生的勝利者，從不會失敗。但事實上，這是錯誤的想法。

愛情世界裡的捕獵高手

2015 年 4 月 13 日晚上，歌手瑪丹娜‧西科尼（Madonna Louise Ciccone）在美國科切拉音樂節上與小其 28 歲的男歌手德雷克（Drake）一同演出時，突然從後攬著坐在她前方的德雷克，然後用力吻住德雷克。這個場景對歌迷們產生了十分強烈的視覺衝擊，這是瑪丹娜十分擅長的一種用感官刺激挑逗歌迷的方法。當年瑪丹娜與布蘭妮一起演出時，兩人就曾當眾接吻。

接吻完畢後，瑪丹娜露出了自信的表情，德雷克卻面容扭曲，眉頭緊皺。於是，瑪丹娜和德雷克一下子成了網友們討論的焦點。有人覺得德雷克不識好歹，畢竟和他接吻的是瑪丹娜！更多的網友認為，瑪丹娜身為已有四個孩子的單身母親，當眾做出這樣的舉動實屬不雅。對於質疑，瑪丹娜給出了強硬的反擊：「如果你們不喜歡我，但還是會看我表演的話，那你們依舊是我的粉絲，不過，你們也真是夠低下啊！」

提起瑪丹娜，人們除了會想起她是個「搖滾巨星」外，還常常給她貼上「性感」這個標籤。在人們的眼中，瑪丹娜永遠與「性感」主題相關。在瑪丹娜成長的 1960、70 年代，許多年輕人會將「性」當成表達自我價值的一種方式，或者乾脆用「性」來表達自己叛逆的態度。瑪丹娜也是如此，當然瑪丹娜不僅僅是走性感路線的明星，她的性感不是為了取悅男性，那只是她性

格中的一部分，她享受和操控著「性」，她這種帶著極強掌控欲的性感也吸引了大批女性粉絲。

有些人認為瑪丹娜雖然是超級巨星，但唱功和創作能力遜色一些，她的成功與她叛逆和大膽的個性密切相關。瑪丹娜的演唱會總是充滿了血脈賁張的視覺衝擊，當然這種將音樂視覺化的趨向也是當時樂壇發展的主流。在演唱會上，瑪丹娜除了會做出接吻這樣的瘋狂舉動外，著裝也很大膽，比如她會將內衣外穿，在她看來，女人想怎麼穿就怎麼穿，完全不用顧忌男人的眼光。

除了這些因素外，瑪丹娜還十分擅長利用與他人的交往讓自己一步步走向成功，尤其是與男人的交往。在愛情世界裡，瑪丹娜就是一個捕獵高手。

瑪丹娜最初的夢想是成為一名舞者，但瑪丹娜的父親希望女兒能讀完大學，然後找一份律師或會計之類的工作。不過瑪丹娜並沒有聽從父親的安排，1977 年，瑪丹娜來到紐約學習跳舞，她想成為一名芭蕾舞演員。

幾年後，瑪丹娜放棄了成為芭蕾舞演員的夢想，她覺得這個夢想會讓自己永無出頭之日。這時瑪丹娜認識了一個男人，他名叫丹‧吉爾羅伊（Dan Gilroy），有自己的樂隊。在與吉爾羅伊確認戀愛關係後，瑪丹娜就透過這個男人成了樂隊的一分子，並從他那裡學習到了一些樂器的基礎知識以及如何唱歌。不久，瑪丹娜就對吉爾羅伊提出了分手，她在離開他後開始組

建自己的樂隊。吉爾羅伊並未對這段感情做出挽回，他太了解瑪丹娜了，知道瑪丹娜不會對自己始終如一。

1983 年，瑪丹娜發行了首張以她自己的名字命名的專輯《瑪丹娜》(*Madonna*)。這張專輯是在瑪丹娜新任男友馬克 (Mark Kamins) 的幫助下發行的。專輯發行後沒多久，瑪丹娜就和馬克分手了，她又交了新的男友約翰 (John "Jellybean" Benitez)，這個男人是一個頗有名氣的製作人，能為瑪丹娜帶來更大的成功。瑪丹娜與約翰的關係發展得十分迅速，兩人很快就訂婚了。

不久，瑪丹娜開始與一名雜誌社主編史蒂夫·紐曼約會。史蒂夫知道瑪丹娜有未婚夫，他提出讓瑪丹娜盡快解除婚約，不然他是不可能與瑪丹娜在一起的。瑪丹娜果斷答應了史蒂夫，說自己會盡快處理與約翰的關係。

約翰自然也感覺到了瑪丹娜的不忠，於是一天晚上，約翰偷偷跟蹤了瑪丹娜。當瑪丹娜走進史蒂夫的住所時，約翰再也壓抑不住怒火，直接衝了進去。接著，三人發生了激烈的爭吵，瑪丹娜一邊貶低約翰配不上自己，一邊趁機提出解除與約翰的婚約。最後約翰只能敗興而歸。約翰離開後，瑪丹娜對史蒂夫說，希望他能原諒自己，她只愛他一個人。

但瑪丹娜成名後，她便向史蒂夫提出了分手。瑪丹娜將分手的理由說得很直白，她認為自己已經成名，能賺許多錢，而史蒂夫根本配不上她，她還直言不諱地說自己想要的只有成功和金錢。

在民眾的眼中，瑪丹娜總是顯得十分自信。瑪丹娜曾拍攝過一張吸菸的照片，這張照片如今已成為經典。在那個年代，吸菸似乎只屬於男人，男人吸菸會被認為有男人味，而女人吸菸則被認為是不正經，甚至會給人一種壞女人的印象。但瑪丹娜吸菸的照片卻給人一種性感、自信的感覺，她的神態中充滿了對現實的諷刺和挑戰。

　　瑪丹娜的魅力不僅僅在於她的才華與自信，她還有著非同尋常的誘惑力，這種誘惑力與性無關。在與戀人最初的相處過程中，瑪丹娜會表現出對對方十分感興趣的樣子，她很聰明，知道對方想聽什麼話。有時候，瑪丹娜為了討得對方的歡心不惜說些奉承話。正是這種彷彿被迷倒的樣子，讓瑪丹娜充滿了魅力。

　　在人與人相處的過程中，以自我為中心的人往往是令人厭惡的，因為每個人都渴望對方能全心全意地關注自己。且不說瑪丹娜這樣的巨星，就算一個普通的漂亮女性，如果她在與一名男子交談的過程中，能夠仔細聆聽對方，並且表現出對對方很感興趣的樣子，那麼這名男子的自我感覺一定會非常好，會覺得這個漂亮的女人喜歡自己，他的自尊心得到滿足，也會對這個女人產生好感並漸漸被她「捕獲」。

　　前美國總統比爾‧柯林頓（William Jefferson Clinton）在與人相處的過程中就十分善於使用這種方式來展現自己的魅力。凡是和柯林頓有過一面之交的人，基本上都會被柯林頓的魅力

所折服，即使他們之前並不喜歡柯林頓。據柯林頓身邊的人觀察，柯林頓在與人交往時，會給予對方全心全意的關注，與對方保持著密切的眼神接觸。柯林頓的這種做法會使對方感覺自己是個非常重要的人，這種感覺非常好，幾乎不會有人討厭。因此與柯林頓交往的人會產生一種愉悅感，從而覺得柯林頓是個頗具魅力的人。

上述的這種魅力本無可厚非，但如果一個人只是將這種魅力作為引誘和利用對方的手段，那就會給周圍的人帶來傷害。對於瑪丹娜這樣的極端自戀者來說，透過對對方的關注達到引誘對方的目的，一旦對方掉入她的陷阱之中，那麼主動權就掌控在她手裡了。因為瑪丹娜可以輕易地從這段親密關係中抽身，但瑪丹娜的情人們卻無法做到。也就是說，瑪丹娜自始至終只愛她自己。她會「假裝」將一個人當作自己的中心，是因為她想透過這種方式來使對方將自己當作最重要的人。

常言道：「情人眼裡出西施。」在戀愛關係中，雙方會將對方看得十分重要，從而認為對方是世界上最有魅力的人。這種魅力基本上來自對方對自己的關注，在對方的心中，自己是獨一無二的存在。正因為如此，人們才會輕易地墜入愛河。

每個人或多或少都會有些自戀，當一個人滿足自己的自戀需求時，我們會輕易地被對方吸引。在瑪丹娜與約翰、史蒂夫的三角關係中，約翰大鬧了一場後，瑪丹娜為了得到史蒂夫的原諒，一直表示自己只愛史蒂夫一個人。瑪丹娜的這種說法顯

然讓史蒂夫的自戀心理得到了滿足。如果在一段親密關係中，對方是個像瑪丹娜一樣的極端自戀者，那麼他（她）對你的關注遲早會成倍地收回，如果你無法滿足他（她）的需求，那麼他（她）就會毫不留情地拋棄你。

雖然許多人都被像瑪丹娜這樣的極端自戀者傷害過，但這並不表示他們是故意這樣做的，很多時候他們也是無意為之。卡蜜兒・芭邦（Camille Barbone）曾是瑪丹娜的經紀人，瑪丹娜也曾引誘過卡蜜兒，當然只是精神層面的。瑪丹娜的種種言行使卡蜜兒產生了一種錯覺 ── 自己是瑪丹娜人生中最重要的人。當卡蜜兒淪陷在瑪丹娜的誘惑中後，瑪丹娜就開始進行索取。這種情感索取讓卡蜜兒覺得非常痛苦，可是一旦卡蜜兒拒絕瑪丹娜，那麼就會招來瑪丹娜的報復。不過卡蜜兒並不認為瑪丹娜是故意這樣做的，卡蜜兒認為瑪丹娜只是不會去愛別人，不會站在別人的角度考慮問題。這或許與瑪丹娜早年喪母的經歷有著十分密切的連繫。

瑪丹娜出生於一個虔誠地信仰天主教的大家庭，她的母親一共生下了 7 個孩子。在瑪丹娜 5 歲的時候，她的母親過世了。從那以後，瑪丹娜的父親就一人挑起了養家的重擔，一邊工作一邊照顧這 7 個孩子。瑪丹娜的父親是個很嚴厲的人，制定了許多生活上的規矩，所有的孩子都必須嚴格遵守，不然就會受到懲罰。

早年喪母的經歷給瑪丹娜的心裡造成了難以癒合的傷口，

她自己也時常提到母親去世時的痛苦。母親去世後，瑪丹娜一直被孤獨籠罩著，她強烈地渴望被愛。為了克服這種痛苦，瑪丹娜只能強迫自己變得堅強起來。瑪丹娜長大後所表現出的獨立、叛逆等性格特點，都是為了逃避早年喪母所帶來的無助感。長大後的瑪丹娜雖然可以輕易地進入一段戀愛關係中，但她卻無法去愛別人，因為只有不再愛任何人，才不會再體會到被拋棄的痛苦。

一個人在付出真誠的情感時是渴望被回應的，如果一直得不到回應，那麼就會受到深深的傷害。對於像瑪丹娜這樣的極端自戀者來說，他們不會付出真誠的情感，因為他們害怕被拒絕、被傷害，但他們卻要求周圍的人對自己付出真誠的情感，不然他們就會拋棄，甚至報復對方。這種不對等的愛讓人窒息。

站在世界中心

　　武姜是春秋初期鄭國國君鄭武公的妻子，同時也是寤生和共叔段的母親。武姜是歷史上有名的偏心母親，她將全部的母愛都給了小兒子共叔段。既然兩個都是自己的兒子，武姜為什麼如此厚此薄彼呢？

　　據記載，在寤生出生的時候，武姜受到了驚嚇。據說是因為難產，即在分娩時，胎兒的腿先出來，因此武姜還為兒子取了「寤生」這個名字，意思就是「逆生，產兒足先出」。這是武姜不喜大兒子而偏愛小兒子的一個重要原因。另一個原因則是，共叔段不僅相貌好，還聰明伶俐，因此深得武姜的喜愛。

　　和所有溺愛孩子的父母一樣，武姜恨不得將全世界最好的東西都給共叔段，包括鄭國國君的寶座。可是按照當時的嫡長子繼承制，國君的繼承人只能是寤生。因此，武姜只能給鄭武公吹枕邊風，希望鄭武公廢掉寤生，將國君的位子傳給共叔段。所幸，鄭武公並沒有答應武姜。在當時，如果嫡長子沒有明顯過錯，是不能輕易廢除其繼承權的，不然會引起政局動盪。

　　鄭武公二十七年，鄭武公去世，當時寤生只有 13 歲，共叔段只有 10 歲。寤生順利繼位，成為鄭國國君。雖然寤生一下子變為了鄭國至尊，但武姜還是很討厭他，並且對共叔段的溺愛毫不收斂，甚至還親自向寤生為共叔段討要封地。武姜看上

了一個名叫制邑的地方，並要求寤生將此地劃給共叔段作為封地。寤生自然不同意，他對武姜說：「制邑是個險要的地方，從前虢叔就死在那裡。若是給共叔段其他城邑作為封地，我都可以照您的吩咐辦。」最終，武姜挑了一個名叫京城的地方。

到了京城以後，共叔段做了許多無法無天、目無綱紀的事情，例如擴大城池、招兵買馬、招降納叛，顯然根本不把寤生這個國君放在眼裡。共叔段的背後有武姜撐腰，不論他做下什麼出格的事情，武姜都會幫他收拾爛攤子。後來共叔段變得越來越膽大妄為，開始蠶食封地之外的鄭國土地。

作為鄭國國君的寤生在得知共叔段的種種違制行為後，並未阻止，也沒有斥責，而是任其胡鬧。寤生的這種行為被後世稱為「捧殺」，即你隨便胡鬧，等你鬧得天怒人怨的時候，我再出手，這樣才算名正言順。

寤生雖然能忍，他手下的大臣卻看不下去了，勸誡他：「這樣不行啊，大王，一個國家怎麼能同時有兩個國君呢！您得趕緊阻止他。」寤生表示很無奈：「母親支持他這樣做，我有什麼辦法。」

武姜也從來不認為共叔段做得有什麼不對，她一直支持共叔段的胡鬧行為。在母親和兄長的縱容下，共叔段變得更加無法無天了，他開始惦記起了寤生的國君位置，並且準備偷襲鄭國國都，奪取國君的位置。而武姜不僅支持共叔段這樣做，還願意與他裡應外合，為他開啟城門。

寤生在得知共叔段率兵攻打鄭國國都的消息後並沒有慌張，據記載，他只平靜地說了兩個字 ——「可矣」！這兩個字讓許多後世之人覺得寤生一直在等待這樣一個機會，一個可以名正言順地收拾共叔段的機會。

　　共叔段的兵馬根本無法與鄭國國君的軍隊相提並論。戰爭剛開始，共叔段一方就被打得潰不成軍，只能逃到鄢地避難。寤生並未就此放過共叔段，他率軍一路追擊到鄢地。最終，共叔段只能逃到衛國的共地，他也因此被後世稱為「共叔段」。

　　雖然共叔段已是一個歷史人物，但在我們的身邊也有許多像共叔段一樣在父母溺愛下長大的人。有些父母因為種種原因想要給孩子最好的生活，例如有的人在童年時期被父母所忽視，於是在有了自己的孩子後，會傾盡全力為孩子創造好的環境，滿足孩子的一切要求，讓孩子過上自己原本想要的生活。但在溺愛環境中長大的孩子，通常會像共叔段一樣，認為自己站在世界中心，自己與眾不同，不需要遵從社會規則。在他們看來，規則是約束普通人的，他們沒必要遵守。

　　在一個人成長過程中的某一個階段，我們會對自身產生一種不真實的、膨脹的認知，認為自己無所不能、刀槍不入。這個時候，我們喜歡假扮成自己理想中的人物，例如披著披風假扮成超人，從高處躍下。這種所向披靡的感受固然令人沉迷，卻是對自我的一種不真實的認知。如果這個時候，父母採用了溺愛的教育方式，那麼就可能培養出一個極端自戀者。

武姜的小兒子共叔段本身就有許多優勢，例如相貌出眾、聰明伶俐。這些優勢對於共叔段來說，本來就是值得驕傲的資本。再加上武姜的溺愛，共叔段就更加認為自己與眾不同，認為自己最有資格成為鄭國國君。所以，後來共叔段才會在自己的封地中無所顧忌，直到謀取王位。而且，共叔段對自身的能力沒有一個正確、客觀的認知，明明是他先發動進攻，占據優先權，還有武姜與他裡應外合，但他還是被寤生的軍隊輕鬆打敗了。這說明他盲目地高看了自己的能力。

在溺愛中長大的人，從小就接受了太多的誇讚，他們會理所當然地認為自己想要什麼就會得到什麼。的確，在一個人很小的時候，父母可以輕易滿足他的要求，例如購買他喜歡的玩具。但隨著年齡的增長，與外界接觸越來越多，他開始漸漸走出父母為他營造的小世界。在外面的世界中，有一套需要人人遵守的規則，可他不去遵守，因為在他看來，那套規則是給普通人準備的。這為他的受挫埋下了伏筆。

溺愛會使父母將孩子完美化，似乎孩子身上沒有一點缺點，在父母的影響下，孩子也會這樣看待自己，於是孩子就無法掌握人際交往中一個十分關鍵的規則，即照顧他人的感受。因此他們很少有朋友，沒有人願意和一個總是以為自己最重要而忽視他人感受的人在一起。

溺愛會導致一個人形成膨脹的自我認知，在這種不切實際的認知的影響下，一個人往往無法腳踏實地努力學習或工作，

因為他總覺得自己想要什麼就會擁有什麼，根本不用花費功夫就應該得到。就像上述案例中，由於姜武的溺愛，共叔段認為自己是個特殊的人，他不用被傳統的嫡長子繼承制度所束縛。後來到了封地，隨著一次次的胡鬧沒有受到應有的懲罰，共叔段就變得更加膨脹起來，膨脹到認為自己可以取代兄長成為鄭國國君。一個人如果無法對自我有正確、客觀的認識，那麼他就永遠不會成熟，不會像成年人一樣對自己和他人負責。

自我陶醉的煩人精

西元前 100 年，蓋烏斯‧尤利烏斯‧凱撒（Gaius Iulius Caesar）出生於羅馬的一個貴族家庭中，他的父親是羅馬大法官，叔父是羅馬執政官，母親也來自一個羅馬執政官的家族。

20 歲時，凱撒投身軍旅，開始了為期 10 年的戎馬生涯。在此期間，凱撒作戰英勇，屢立戰功。30 歲時，凱撒開始投身政治，他的個人魅力讓他贏得了社會各界的重視，人們都認為凱撒是個慷慨大方、虛懷若谷的人。32 歲時，凱撒成了羅馬的財政官，為了擴大個人的政治影響，凱撒屢次質疑當權者蘇拉的錯誤政策，因為當時很多人已對蘇拉（Lucius CorneIius Sulla）的寡頭統治十分不滿。這樣一來，凱撒更加受到人們的追捧，這些都讓凱撒產生了強烈的自我優越感。

39 歲時，凱撒成為西班牙行省的總督，這讓凱撒的影響力進一步擴大，他甚至還成了當時羅馬政壇兩個著名人物龐貝（Gnaeus Pompey）、克拉蘇（Marcus Licinius Crassus）的拉攏對象。凱撒在與龐貝、克拉蘇達成祕密協定之後，一下子成為羅馬政壇的三雄之一。

40 歲時，凱撒實現了自己夢寐以求的政治夢想，成為羅馬的執政官。後來，凱撒又出任高盧的總督。在這期間，凱撒征服了大半個高盧，為羅馬掠奪了大量的戰利品和幾十萬戰俘，

這讓元老院的貴族們十分高興，紛紛稱讚凱撒。這也進一步增強了凱撒的自我陶醉感，他開始將自己看成像亞歷山大大帝（Alexander the Great）一樣的人物，而亞歷山大大帝正是他崇拜的對象。

凱撒 48 歲時，羅馬政壇的三雄之一克拉蘇在與安息人的交戰中不幸戰敗身亡，這樣一來，凱撒的政治對手就只剩下龐貝一個人。西元前 52 年，龐貝被元老院的貴族們擁護擔任執政官一職，當時，凱撒的一個擁護者被殺害並引起了暴動，這讓貴族們開始忌憚凱撒的勢力。

龐貝成為執政官後，一邊鎮壓暴動，一邊打壓凱撒的勢力。此外元老院的貴族們也開始站在龐貝一邊，並限期讓凱撒交出兵權。凱撒拒絕交出兵權後，元老院公開宣布凱撒是羅馬的敵人，特許龐貝率兵攻打凱撒。在這場交戰中，龐貝失敗了，只得帶著自己的勢力逃往希臘，於是凱撒成了羅馬唯一的掌權者。之後的幾年內，凱撒一直致力於消除龐貝的勢力。由於屢創勝績，凱撒成了人們心中的常勝將軍，他變得更加自我陶醉，甚至將自己視為一個神。

失敗的龐貝一路逃到了埃及，埃及國王托勒密十二世（Ptolemy XII）為了討好凱撒，將龐貝殺死後把他的人頭獻給了凱撒。從此，凱撒成了羅馬的最高主宰，成了羅馬的神，沒有人敢在凱撒面前說「不」。

凱撒返回羅馬後，受到了空前的歡迎，他成了一個集軍、

政、司法大權於一身的人，擁有至高無上的權力，元老院再也不是凱撒的阻礙。凱撒的雕像出現在羅馬城的大街小巷，他的事蹟被人們廣泛傳頌著，他聽到的全是讚揚，他可以對任何人發號施令，他的自我陶醉已經達到了頂點，他完全忽略了元老院中的某些貴族對自己的不滿。此時，一場刺殺凱撒的陰謀正在醞釀之中，就連凱撒最親密的朋友布魯圖斯（Marcus Junius Brutus Caepio）也參與其中。

西元前 44 年 3 月 15 日，凱撒被邀請到元老院議事，他不知道許多人的身上都藏著一把匕首，隨時準備刺入他的身體。凱撒到會議廳中坐下後不久，就有一個人跑到他的面前，並抓住他的紫袍，好像有求於他。實際上這是陰謀者們動手的暗號，很快眾人一擁而上，紛紛掏出藏在身上的匕首刺向凱撒。最終凱撒被刺死，他一共被刺中了 23 下，其中有 3 處是致命傷。

凱撒被刺死的悲劇本可以避免，他在獨自一人前往會議廳之前就曾被人警告過，說這天將會有人謀殺他，並希望他能帶著衛隊前去。但凱撒拒絕了：「要衛隊來保護，那是膽小鬼做的事。」由此可見，凱斯是相當自負的，他聽慣了人們的恭維之詞，根本不相信別人會反抗自己，也不相信自己會死於一群小人物之手。

早年的凱撒並沒有這麼自負，相反，他是個十分小心謹慎的人，但隨著功名的擴大以及地位的不斷提升，他漸漸變得自負起來。一個人如果長期處於自我陶醉之中，那麼他很容易

就會變成一個喜歡表現自我、極端追求並享受他人對自己的關注的人。凱撒自認為是個英雄，每天都沉迷在自己的英雄形象裡，還十分迷信自身的領袖魅力和感召力，認為不會有人挑戰自己的權威。但實際上，一群貴族早就對凱撒不滿了。在遇刺時，凱撒本來還在抵抗和掙扎，但當他看到布魯圖斯也在行刺之列中時，他徹底放棄了抵抗，任由陰謀者的匕首刺入自己的身體，直至身亡。凱撒說的最後一句話是：「怎麼，還有你，布魯圖斯。」從這句話中我們可以看出，凱撒根本不相信自己這樣一個偉大的英雄會被自己的密友背叛。

當一個極端自戀者像凱撒一樣，自身取得了巨大的成就，剛好又富有人格魅力時，那麼他就不會給人一種妄自尊大的印象，相反，會有一大批崇拜他的追隨者。對於他來說，追隨者的崇拜是一種美妙的享受，可以用來維護他膨脹的自我。而這就是危機的開始，因為在這種自我膨脹狀態下，他通常很難意識到自己的錯誤，甚至會認為自己不會犯錯，堅信自己比所有人知道的都多。他只能接受別人的奉承話，一旦有人對他提出質疑，他就會擺出一副輕蔑的姿態。

像凱撒這樣自我陶醉的極端自戀者，雖然會有一大批追隨者，但對於凱撒周圍的人來說，與凱撒相處永遠是痛苦的，因為他總是強迫對方聽從自己的命令，好像任何人在他面前，都只是失敗者和弱者。這點在史蒂夫・賈伯斯的身上也有所展現，賈伯斯被成千上萬的人崇拜，好像一個神話般的人物，但

凡是和賈伯斯有過近距離接觸的人都會認為他性格古怪、難以相處，賈伯斯總是出言攻擊對方，好像在他的面前，別人永遠是渺小低微的存在。

許多人之所以會將凱撒、賈伯斯之類取得一定成就的極端自戀者當成自己崇拜的偶像，與人性中服從權威的一面是密不可分的。美國社會心理學家史丹利・米爾格蘭（Stanley Milgram）曾做過一個服從權威實驗，實驗結果不僅證明人性中有服從權威的一面，還證明人在服從權威的時候，甚至不惜做出傷害他人的事情來。正是這種服從權威的需求，讓許多人崇拜凱撒、賈伯斯，在崇拜者看來，他們就是英雄和拯救者，自己只需要追隨他們即可。

雖然我們不會和凱撒、賈伯斯這些偶像般的人物有近距離接觸，但我們周圍也有許多像他們一樣的自我陶醉者。如果一個人從小就十分優秀，遠超同齡人，比如在學業上取得優異的成績，那麼他就很容易變得自負起來。望子成龍、望女成鳳的期望幾乎每個父母都有，當他們有一個十分優秀的孩子時，他們一定會感到很驕傲。而父母的驕傲有時也會加重孩子的自負。

一個總是在自我陶醉的人，很難受到周圍人的歡迎。因為他總想成為掌控者，例如在談話的時候，他總會將話題引到自己身上，並將自己抬到一種高高在上的優越地位上，每當別人想打斷他的時候，他就會表現出一種「這裡我做主」的姿態。

小月從小聰明伶俐，學業成績很好，經常受到老師、父母

的誇讚，但小月沒什麼朋友，不過小月也不在乎，在她看來，自己根本不是一般人，也用不著和普通人做朋友。大學畢業後，小月找到一份不錯的工作。幾年後，小月成了公司人事部門的主管。

　　每逢春節，親朋好友相聚的時候都不會主動邀請小月。因為在吃飯的時候，小月總會談及自己的工作，說自己如何負責，幫助同事們處理了多少難題。在小月眼裡，她是公司裡不可或缺的重要人物。但關鍵是，沒有人對小月的這些話感興趣，不過小月自己卻樂在其中，優越感十足。

　　除了工作之外，小月還常常說一些自己的經歷，她認為自己的經歷非常有趣，有時候說著說著就會大笑起來，但其實沒有人對她說的內容感興趣。每當有人試圖把話題從小月身上引開的時候，小月就會隨便提起一件事情，將話題重新引到自己身上。小月似乎想表現出一副無所不知的姿態，所有的話題都在展現著自己的優越性，並且將其他人都襯托為失敗者。

　　自我陶醉的極端自戀者之所以惹人煩，就是因為他們常常像小月一樣，以一種高高在上的姿態出現，甚至會表現得十分傲慢，好像其他人都比他無能和卑微。關鍵是，他渴望別人附和自己所說的內容或提出的建議，這樣才能滿足他那膨脹的自我。

美好的虛擬世界

　　電影《阿凡達》（*Avatar*）中，男主角傑克‧蘇里（Jake Sully）曾經是一名海軍陸戰隊隊員，他因脊椎受到嚴重損傷而導致下半身失去知覺，成了一個雙腿癱瘓的人。生活一下子變得索然無味，他覺得再沒有任何東西值得自己去戰鬥。傑克也想過透過手術讓自己站起來，但手術費用十分高昂，他根本支付不起。就在這時，傑克接到了一項特殊的軍事任務，即到一個名為潘朵拉的星球上接受一場實驗。

　　潘朵拉星球雖然環境嚴酷，不適合人類居住，但有一種能徹底改變人類能源產業的礦物元素。潘朵拉星球上的動植物都十分凶猛，還生活著一種藍色的類人生物，被稱為納美族人。納美族人長得都很高，足足有 3 公尺，還擁有強大的體能和感知能力。對於人類到潘朵拉星球上挖礦的行為，納美族人都十分不滿。

　　雖然人類可以透過佩戴空氣過濾面罩在潘朵拉星球上作業，卻無法與納美族人進行直接的交流。於是科學家製造出了一個複製的納美族人，這個複製人是人類 DNA 和納美族人 DNA 結合在一起的產物，可以被人類操控。但想要操縱這個複製人，就必須得和它的 DNA 相符。而為複製人提供 DNA 的人類恰恰是傑克的雙胞胎哥哥，他被殺死後，只有傑克能操縱這個複製人了。

傑克接受了這項任務並開始進行操控，他的意識進入了複製人的身體裡。他不僅擺脫了之前殘疾的人類身體，還擁有了超越人類，只屬於納美族人的強大力量。這讓他十分滿意，他的生活也開始變得有意義起來。

潘朵拉星球十分美麗，這裡有參天巨樹、飄浮在空中的群山、各種奇怪的動物、晚上會發光的植物，傑克十分喜歡這裡。這裡除了有美景外，還有凶猛的野獸，傑克很快就遇到了危險，為了躲避一頭野獸的追擊，傑克與隊友失去了聯絡。傑克好不容易躲開了野獸，晚上卻被一群土狼襲擊。就在傑克差點淪為土狼的晚餐之際，納美族的公主奈蒂莉（Neytiri）救了他。

傑克在與奈蒂莉相處的過程中，了解了許多和潘朵拉星球相關的知識，也得知了納美族人對人類在潘朵拉星球採礦的不滿。漸漸地，傑克開始理解納美族人，並加入納美族人對抗人類採礦的行列之中，他認為這才是值得自己為之戰鬥的東西。

每當複製人睡覺時，傑克的意識就會離開複製人的身體，回到自己的人類身體當中，如果想要再次回到複製人的身體中，他就必須透過專門的連線裝置。但當傑克準備為保衛潘朵拉星球而戰時，他就成了人類的敵人，也就失去了進入複製人身體的機會，只能回到從前的生活中。

為了消滅納美族這股反對人類採礦的勢力，人類決定派遣戰機摧毀納美族人所生存的家園樹。傑克得知這個消息後，主

動找到負責人，希望他不要那麼做，並且表示自己可以作為談判代表去和納美族人進行交涉，讓他們主動離開家園樹。

傑克失敗了，納美族人非常憤怒，拒絕離開家園樹，還將傑克和另一個人類代表 —— 一位女教授綁在刑架上。採礦公司在得知傑克失敗後，便即刻命令戰機朝納美族人開火。最終家園樹被徹底摧毀，納美族人只得尋找新的神樹定居，納美族人的領袖也死在了這場轟炸中。

傑克由於與人類站在了對立的立場上，於是被控制起來，他拚命擺脫了人類的控制，找到了納美族人暫居的神樹，呼籲他們要和人類對抗到底，並且與潘朵拉星球上其他部落的人取得了聯絡。於是，一支幾千人的反抗軍組建起來。採礦公司發現反抗軍後，立刻準備破壞力更大的炸藥，打算將納美族人徹底消滅。但在傑克的帶領下，反抗軍最終戰勝了人類，採礦公司的人也都離開了潘朵拉星球。

傑克並未離開，他想成為納美族人的一分子，繼續在潘朵拉星球上生活。最終納美族人滿足了傑克的願望，藉助神樹的力量，將傑克的意識永遠地留在了複製人阿凡達的身上。後來，傑克成了納美族人的領袖。

《阿凡達》雖然是一部科幻電影，傑克身上所經歷的一切在現實生活中都是不可能發生的，潘朵拉星球也並不存在，但拋開這段科幻的經歷來看，傑克的行為與遊戲上癮十分類似。在現實生活中，傑克有一副他極力想擺脫的殘疾身體；但在潘朵

拉星球上，他不僅身體健康，而且擁有超越人類的力量。也就是說，相較於地球上挫敗無聊的生活，潘朵拉星球上的生活更精彩，更有意思，因此傑克在戰爭結束後並未回到地球上，而是選擇永久地生活在潘朵拉星球上，還成了納美族人的領袖。

小翔是一個獨生子，從小就得到了父母和爺爺奶奶的全部寵愛，自制力很差。到外地上大學後，由於突然失去了父母的約束，他一下子變得無所適從，無法適應新的大學生活，於是每天沉迷於虛擬的網路遊戲之中。後來，小翔對網路遊戲越來越上癮，開始頻繁曠課。由於曠課次數過多，再加上考試成績不及格，小翔面臨著退學的風險。

起初，老師找小翔談話，希望小翔戒掉網路遊戲。小翔當著老師的面也做出了保證，但事後還是經不住網路遊戲的誘惑，常常跑出去上網。小翔的室友看到他經常去網咖包夜，也勸他收斂一點，但都沒有什麼效果。最終，小翔的爺爺奶奶只能來到小翔學校附近住下，專門督促他。小翔的爺爺每天早上都會買好早點去宿舍找他，除了上課時間外，小翔一直和爺爺奶奶待在一起。

在爺爺奶奶陪讀的一個多月的時間裡，小翔的自制力有所提升，基本上沒有曠課，去網咖的次數也少了。但這時小翔奶奶的身體出現了問題，需要回家養病，於是陪讀只能暫時中止。沒了爺爺奶奶的監督，小翔的網癮很快又犯了，他又開始曠課、上網、玩遊戲。

　　小翔的經歷其實和電影《阿凡達》中的傑克一樣，都是沉迷於美好的虛擬世界之中。在虛擬的遊戲世界裡，他是個無往不勝的英雄人物；但在現實世界裡，他是一個什麼都不懂、什麼都不會的失敗者。小翔的基礎較差，因此在適應大學新生活的時候有些吃力。小翔沒有什麼特長，在校園裡根本找不到可以展現自我的舞臺。再加上小翔因過度上網，與同學、室友的關係越來越疏遠，他只能到網路遊戲中尋找成就感。

　　一個人之所以會成為極端自戀者，與其低自尊、羞恥感是密不可分的。而正是這種感覺，讓他在遭遇現實生活中的巨大打擊時，出現各種逃避現實的成癮性行為。當一個人在現實生活中總是遭遇失敗、無法成為自己期望中的樣子時，就會產生一種強烈的挫敗感，於是低自尊和羞恥感就出現了。為了擺脫這種痛苦，有些人會選擇讓自己沉迷在美好的虛擬世界之中，因此就會出現各種成癮性的行為，例如沉迷於網路遊戲、酗酒，甚至吸毒。這些成癮性行為雖然可以讓一個人獲得短暫的快樂，卻只會讓一個人變得越來越糟糕。

　　在電影《阿凡達》中，傑克十分幸運，他的意識可以永遠地進入阿凡達的身體內，而在潘朵拉星球上，他是一個舉足輕重的領袖，可以不用回到人類社會中，他與想像中的自己完美地結合了。但在現實生活中，對於那些有成癮性行為的人來說，他只會進入一種痛苦的惡性循環之中。

　　在上述案例中，小翔為了擺脫現實的痛苦而沉迷於網路遊

戲，網路遊戲讓他面臨著被退學的危險，於是他在放縱自己後會變得更加痛苦，更加恥於自己的放縱行為，更加想要逃避現實，這樣會讓他更加依賴網路遊戲，上網越來越頻繁，曠課次數也越來越多。

許多成癮性行為之所以有害，是因為上癮者會有明顯的社會、心理損害。他們無法控制自己，面臨學業、工作上的失敗，而且他們的人際交往能力也會變得越來越差。

一個人不論是網路上癮還是酒精上癮，這麼做只是為了滿足自己的需求，因為在美好的虛擬世界裡不用承受低自尊帶來的痛苦。可是他們的這些成癮性行為卻會給周圍的人帶來痛苦。例如上述案例中的小翔，他一直沉迷於網路遊戲，甚至將被學校開除，他在網路遊戲中可以獲得片刻的快樂，但他的父母和爺爺奶奶卻因為他一直處於焦慮和痛苦之中。也就是說，小翔沉迷於網路時完全不顧及他人的感受，只想到了自己。想要成功戒癮，就必須從美好的虛擬世界中抽身，學會面對失敗帶來的羞恥感，改變現狀，讓自己變得越來越自信。

第四章　人人都有負面情緒
── 人性的缺陷

所有人都是競爭對手

　　美國小說家費茲傑羅出生於明尼蘇達州聖保羅市的一個中產階級家庭中，他的父親是個家具商。13 歲時，費茲傑羅父親的家具生意破產了，他們的日子開始變得艱難起來。17 歲時，費茲傑羅進入普林斯頓大學讀書，夢想成為一名小說家。19 歲時，費茲傑羅與一個名叫傑內瓦的富家女相識，傑內瓦的父親是一名股票經紀人，同時還是個地產大亨。

　　費茲傑羅在與傑內瓦通訊一年多以後，受到傑內瓦的邀請去她家拜訪，當傑內瓦的父親得知費茲傑羅只是一個破產的家具商的兒子後，說了這樣一句話：「窮人家的男孩子，從來不該動娶富家女孩子的念頭。」

　　就這樣，費茲傑羅失戀了，他決定報名去參軍，當時正值第一次世界大戰。但費茲傑羅又害怕自己死在戰場上，從此再無機會成為小說家，所以在入伍之前寫了一部小說，卻被拒絕出版。費茲傑羅的這段經歷與他所著的小說《大亨小傳》(*The Great Gatsby*) 中的故事十分相似。

　　故事中，尼克來自美國中西部的一個富裕家庭，在當地，尼克也算是一個小有名氣的「富二代」，是上流社會的一分子。來到紐約後，尼克透過校友湯姆的介紹在一個聚集著富人的社群中居住。湯姆雖然是個不學無術的紈褲子弟，但仗著家裡的

關係和自己的體育特長進入了耶魯大學。

　　尼克的鄰居名叫蓋茲比，蓋茲比的豪宅每天晚上都會舉行大型宴會。宴會極盡奢華，賓客可以在這裡整晚狂歡，花園、跳臺、游泳池、兩艘小汽艇免費開放，轎車和旅行車被當成公共汽車一樣地接送客人，各種食物、酒水應有盡有，還有喧鬧的樂隊和亮麗的綵燈，揮霍無度。

　　尼克與蓋茲比初次相見時，蓋茲比是這樣介紹自己的：「我是中西部的一個富家子弟，全家人都過世了，只剩下我自己。我在美國長大，在英國牛津大學接受教育。我家祖祖輩輩都在牛津大學接受教育，這是我們家族的傳統。」顯然，蓋茲比這個從牛津大學畢業的富家子弟蓋過了尼克這個從耶魯大學畢業的富家子弟。但很快，尼克就知道蓋茲比撒謊了。蓋茲比來自一個十分普通的家庭，曾是一個貧困的軍官，在做了一些非法生意後一夜暴富。

　　後來尼克從蓋茲比那裡了解到，他之所以夜夜笙歌，不是為了做生意，不是為了擴展人脈，也不是為了讓自己開心，而是為了引起一個名叫黛西的女人的注意。他想透過這種方式吸引黛西主動來這裡聚會。

　　年輕時，蓋茲比與富家女黛西相識相戀。第一次世界大戰爆發後，蓋茲比被派到了歐洲戰場上，他與黛西自然而然地分手了。很快，黛西就結婚了，她嫁給了紈褲子弟湯姆。但是婚後的黛西過得並不幸福，她的丈夫在外有許多情人。後來，湯

姆和黛西受不了婚外情所造成的壓力，搬到了紐約。但來到紐約後不久，湯姆很快又有了新的情人。

尼克被蓋茲比的故事感動了，他決定幫助蓋茲比。黛西是尼克的遠房表妹，尼克在與黛西取得聯絡後，向她轉達了蓋茲比的心意。之後不久，黛西就開始與蓋茲比約會，並經常有意挑逗蓋茲比，而蓋茲比也任她擺布。

表面上看起來，蓋茲比似乎挽回了這段愛情，重新贏得了黛西的芳心。但實際上，兩人的關係早已不似從前那樣純粹。蓋茲比這麼做只是為了證明自己，為了擊敗湯姆，擊敗這個得到了黛西的紈褲子弟。而黛西呢，只是為了從這段曖昧關係中獲得一種刺激，這種刺激是她無法從婚姻關係中得到的。

一次，心情非常糟糕的黛西在開車時撞死了湯姆的情婦。黛西害怕承擔責任，就向蓋茲比尋求幫助，蓋茲比決定幫黛西頂下此事。湯姆得知此事後，就挑唆情婦的丈夫向蓋茲比復仇，最終蓋茲比死在了這個男人的槍口下。蓋茲比死後，黛西並沒有難過，她與湯姆決定去歐洲旅行。而尼克在目睹了這一切後，決定離開紐約這個冰冷的城市，回到家鄉去。

在日常生活中，我們總會不自覺地把自己與他人進行比較，當意識到自己與他人的差距後，就感覺受到了重大打擊，變得自卑。反過來，如果透過比較發現自己比別人強，那麼就會感覺到快樂，一種優越感油然而生。

「鷦鷯巢於深林，不過一枝；偃鼠飲河，不過滿腹。」一個

人的欲望從某種程度上來說十分容易被滿足，只要填飽肚子、有個安身之所、身體健康，就會覺得很滿足。但人的欲望又是無法被填滿的，這是因為我們是群居動物。當一個人獨處的時候，他的欲望可能很容易被滿足；但一個人一旦處於某個群體之中，他就會自然而然地與他人產生比較，於是自尊心就會出現。為了高自尊所帶來的滿足感，我們會產生許多無法填滿的欲望，因為我們需要從與他人的比較中獲得一種優越感，得到他人的肯定。

在費茲傑羅的小說中，蓋茲比在一夜暴富之後，經常在自己的豪華別墅裡舉辦宴會，他這麼做只是為了證明自己的能力，從而得到上流社會的認可。許多人都覺得蓋茲比的結局非常悲慘，他一心想透過金錢躋身上流社會，但上流社會卻從來不把他放在眼裡。這就好像蓋茲比一直將湯姆視作自己的情敵，但湯姆這種富家子弟根本看不上他。

身為一個逆襲的普通人，蓋茲比的故事能讓許多人產生共鳴，因此蓋茲比的結局才更令人唏噓不已。當讀者把自己代入蓋茲比的故事中時，自然會體會到蓋茲比那種「低人一等」的痛苦。

如果說，優越感是與他人比較後獲得優勢而產生的快樂感覺，那麼低人一等就是在比較過程中發現自己處於劣勢而產生的糟糕感覺。這兩種感覺都與自我評價相關。為了維護自己的自尊，我們會透過種種方式來獲得優越感，例如蓋茲比選擇每

天在自己的豪華別墅裡舉行盛大的宴會。

為了顯示自己的優越性，人隨時都在賣弄和炫耀，只是方式不同。在動物界中，炫耀的行為同樣十分常見。有一類蜂鳥，雄鳥的頸部是鮮豔的紅色羽毛，身上是發亮的綠色羽毛。對於雄鳥來說，它不僅時時刻刻炫耀著自己漂亮的羽毛，還經常做出一些冒險性的動作，例如一下子飛入高空之中，然後自上而下高速俯衝，這種動作在一小時之內有時會反覆進行四五十次。雄鳥之所以做出如此危險的動作，只是為了向雌鳥或競爭對手炫耀自己的實力。

在炫耀的行為上，人，尤其是有錢人，花樣就更多了。對於蓋茲比這樣的暴發戶來說，他炫耀的方式十分簡單，就是鋪張地花錢請客，使人人都能感覺到他在有意炫耀。在炫耀方式的選擇上，有些人很招搖，例如「貓王」普里斯萊（Elvis Presley）。1976 年的一天早上，普里斯萊乘坐自己的私人飛機，從田納西州的曼菲斯飛到科羅拉多州的丹佛，然後再飛回曼菲斯，他這麼做的目的只有一個 —— 買一個三明治。

有些人在炫耀時會顯得非常特別，會用一種滿不在乎的姿態來對待許多人非常看重的貴重之物，比如凱瑟琳·赫本（Katharine Houghton Hepburn）。凱瑟琳·赫本一共斬獲 4 次奧斯卡獎，被提名了 12 次。換作一般的演員，獲得奧斯卡獎後通常會將獎盃陳列在住所的顯眼處，確保家裡來了客人之後，一眼就能看到，從而達到炫耀的目的。但赫本不走尋常路，她炫耀的方式

非常特別，卻令人印象深刻。赫本將自己獲得的一尊奧斯卡金像獎獎盃放在浴室門的下面，用它來抵住浴室的門。她這種滿不在乎的炫耀方式似乎是在告訴人們：「看，我已經不在乎你們都很重視的東西了！」如果赫本真的不在乎，不想炫耀，那麼她完全可以將獎盃放到沒有人看到的儲藏間裡，這樣肯定就不會被人看到了。

炫耀是一種讓人生厭的行為，因為一個人炫耀的目的是顯示自己的優越性，而你的優越性則會襯托出別人的失敗，你的高人一等會使別人在你面前顯得低人一等。雖然炫耀行為可能會令他人感到不舒服，卻是一種健康的行為，這種想要引起他人注意、證明自己的衝動屬於人類的天性，是人類在進化過程中被賦予的。

人類在大自然中不具備生存優勢，因此人類選擇群居，以抵禦外界的傷害。在群居生活中，合作是首要的，不然就無法達到群居的目的。在人類上百萬年的歷史中，大多數時候，人都是在小規模的覓食群體中生存的，也就是我們通常所說的部落。在部落裡生活，人們會一起合作，例如打獵、抵禦外敵，但同時也會相互競爭。對於每個人來說，部落裡人人都是競爭對手，是自己在爭奪最佳生活條件、最佳配偶時的競爭對手，因此炫耀和顯示出自己的優越性就變得十分重要。

許多動物學家為了觀察動物的行為，常常會自己養一些動物，但他們很容易忽視一點，對於群居動物而言，群體會改變

牠的行為，例如啄咬順序。當動物以群居的形式生存時，地位的尊卑順序就會變得十分重要。例如對於雞這種家禽而言，牠們會按照地位尊卑的順序一個啄一個。比如排名第二的雞，只有老大能啄牠，牠不能啄回去，但其他的雞牠都能啄。這種現象被稱為「統御優勢」，不僅在動物界中很常見，也適用於人類社會。

沙烏地阿拉伯的法赫德國王（King Fahd），在他的國家就享有統御優勢，在全世界各地的沙特親王的宅邸和遊艇中，都永遠為他保留著一間最好的套房，這些套房被稱為「國王專用臥室」，每天都要耗費許多錢來清潔維護，但是，法赫德國王可能至死也不會住上一次。這充分說明，具有統御優勢的人可以享有最優的資源，例如吃、住。

性對於人類社會來說十分重要，因為性意味著繁衍，意味著生命的延續。在選擇配偶的問題上，優越性就會顯得十分重要。男女在選擇配偶的時候，所關注的角度往往有很大區別。整體而言，女性的競爭對手來自後輩，因為大多數男性更喜歡年輕貌美的女性，年輕貌美意味著基因好、生育能力強；男性的競爭對手則常常來自前輩，因為女性需要一個擁有不錯的經濟條件的男人，來為她撫育下一代創造有利的條件。

如果一個人所處的社會地位較低，當他遇到來自他人權勢的壓迫時，通常會產生一種憤世嫉俗的心理。就好像蓋茲比一樣，他對於黛西嫁給湯姆這個紈褲子弟一直憤憤不平，他認為

黛西和湯姆之間根本沒有愛情，黛西會選擇湯姆，只是因為湯姆祖上積財。雖然這種憤恨的心理會讓人覺得痛苦、不適，但從進化的角度來說卻是一種適應性的表現，因為它會促使一個人努力改變現狀，讓自己從低位爬上高位。因此蓋茲比才會努力賺錢，不惜一切手段努力擠進上流社會。

期待著對手犯錯

　　在喜劇《歡樂一家親》（*Frasier*）中，有一個名叫費瑟‧克雷的精神科醫生。克雷除了是精神科醫生外，還主持一檔廣播節目。在這檔廣播節目中，克雷是個舉足輕重的存在。之後，電臺來了一位健康專家，他是一名醫生，名叫克林特。

　　克林特是個很有魅力的人，長得也非常英俊，他一到電臺就吸引了許多人的目光。在克林特的襯托下，克雷成了一個可有可無的人，他非常嫉妒克林特。克雷不想讓其他人覺得自己嫉妒克林特，於是準備為克林特舉辦一個歡迎派對，以顯示自己的大度。

　　很快，歡迎派對就開始了。在派對上，克林特成了大家關注的焦點，這讓克雷更加沮喪。就在克雷鬱悶不已時，他看到了一個漂亮的華人女性，他決定和對方搭訕，讓自己變得快樂起來。克雷會一點漢語，雖然說得不流暢，但交流起來沒有多大問題。克雷彆腳的漢語讓華人女性覺得很有趣，正當對方準備回應克雷的時候，克林特突然插話，克林特的漢語說得非常流利，於是女人的注意力一下子被克林特吸引走了。克雷在旁邊尷尬地站了一會後，自覺離開了。

　　這讓克雷更加沮喪，於是他只能找自己的兄弟訴苦，說克林特一定是傳說中那種完美的人，他身上毫無缺點。接著，克

雷遇到了克林特。克林特是專程向克雷道謝的，他感謝克雷為自己舉辦歡迎派對，他在派對上玩得很開心。

不一會，派對上響起了一首曲子，原來有人正在彈奏鋼琴。克林特聽到這首曲子後很興奮，情不自禁地跟著調子哼唱起來。此時的克雷正準備離開，他不想聽克林特唱歌，那只能證明克林特更有魅力。但隨著克林特唱得越來越投入，聲音也越來越大，克雷變得越來越興奮，因為他終於發現了克林特的缺點，克林特唱歌走音。

於是，克雷馬上次到了克林特的身邊。克林特看到克雷回來後，覺得是自己的歌聲吵到了克雷，於是向他道歉。克雷表示不用道歉，他很喜歡聽克林特唱歌。

後來克林特喝了一點酒，變得越來越興奮，他大聲表示自己想高歌一曲。克雷聽到後十分高興，立刻將克林特引到了鋼琴邊。克雷的鼓勵讓克林特更加想唱歌了。

在克林特開口之前，克雷興致勃勃地找到了自己的兄弟，他對兄弟說：「我終於找到那個傢伙的缺點了，等一會你就會被他的歌聲震驚。」克雷的兄弟意識到他的企圖後對他說：「你知道自己唱歌比他好，這就可以了，沒必要讓克林特當眾出醜吧。」克雷給了一個肯定的回答：「當然有必要。」

很快，克林特就開口唱了起來。聽到克林特那走音的歌聲，人們的第一反應自然是克雷預料中的震驚。漸漸地，人們開始對克林特的歌聲感到不耐煩，因為他唱得實在太難聽了，而克

雷卻一直在興致勃勃地聽克林特唱歌。

　　不論在工作、課業還是生活中，競爭對手是每個人都會遇到的。在競爭過程中，我們只有一種欲望，就是希望自己能贏。如果競爭對手是個完美的人，我們就會期待對方犯錯，因為只有這樣，我們才有機會處於有利地位。拿破崙（Napoléon Bonaparte）曾經說過：「當你的敵人正在犯錯時，千萬不要去打擾他。」

　　每個人都希望自己是完美的，卻希望自己的競爭對手有弱點，因為競爭對手的弱點可以成為自己致勝的法寶。

　　在特洛伊戰爭中，有一個作戰勇猛的英雄人物，名叫阿基里斯（Achilles）。阿基里斯雖然強大無比、刀槍不入，但有一個致命的弱點，那就是他的腳後跟。阿基里斯是海洋女神和凡人英雄所生的孩子，海洋女神為了把阿基里斯培養成一個勇猛的戰士，把還是嬰兒的阿基里斯浸泡在冥河中，由於冥河的水流比較湍急，海洋女神需要拉著兒子的腳後跟防止他被沖走，所以阿基里斯的腳後跟沒有被冥河泡到，是非常脆弱的。被阿基里斯所殺的赫克托爾（Hector）的保護神是阿波羅（Apollo），阿波羅知道阿基里斯的這個弱點，赫克托爾死後，阿波羅就利用阿基里斯的這個弱點殺死了他。

　　當我們發現競爭對手的弱點或錯誤時，除了上述這種竊喜心理外，還會產生一絲惻隱之心。人性本惡還是本善，自古以來就是一個爭論不休的話題。但通常情況下，我們的感覺是複

雜的，人性也是複雜的，這一點在競爭中十分常見。例如兩個
學業成績都很好的學生，常年包攬著年級第一名和第二名。在
這種競爭關係中，一旦一方失敗，那麼另一方一定會產生竊喜
的心理，但共同的努力也會使雙方惺惺相惜，成功的一方同時
也會同情失敗的一方。

許多人在日常生活中，通常很難遇到你死我活的殘酷競
爭。在殘酷的競爭中，人的自利行為會產生非常大的影響。在
這種情況下，一個人做出的決定通常都是利己的。被人們稱頌
的勇於自我犧牲的品質雖然也會出現，但更多的情況卻是人們
會考慮當前的處境對自己是否有利。

荷蘭萊頓大學心理學家維爾科·凡·迪吉克 (Wilco van Dijk)
透過實驗發現，一個人之所以會在他人遭遇不幸時產生竊喜、
高興等情緒，與自卑心理密切相關。在這項實驗中，受試者的
性格、自尊心強弱都會在參加實驗前接受評估，然後他們會被
安排閱讀兩個故事，故事的主角都有一個不幸的結局。

實驗結果發現，越是自卑的人，在得知主角遭遇了不幸時，
就越容易產生竊喜的心理。對於自卑的人來說，別人的不幸能
凸出自己的幸運，因此他們會感覺良好。因此，想要克服這種
他人遭遇不幸時自己就感到竊喜的心理，就要提高自信心，透
過努力讀書、工作和創造來獲得自我滿足和自我肯定。

常常被壓抑的嫉妒情緒

　　莫札特（Wolfgang Amadeus Mozart），歐洲著名古典主義音樂作曲家，是一個天才般的人物，但他英年早逝，去世的時候只有 35 歲。關於莫札特的死因至今還是個謎，不過在電影《阿瑪迪斯》（*Amadeus*）中，把莫札特英年早逝的原因與一個名叫薩列里（Antonio Salieri）的宮廷樂師密切連繫起來。

　　薩列里在 1782 年來到維也納，成為約瑟夫二世（Josef II）的宮廷樂師。當時，莫札特風頭正盛，許多人都被莫札特的樂曲迷得神魂顛倒。莫札特出名很早，據說他 4 歲時就開始寫協奏曲，7 歲時開始寫交響樂，11 歲時開始寫大型歌劇。當薩列里將自己與莫札特進行比較時發現，莫札特是那麼才華橫溢，而自己是那麼平庸。薩列里對此深感不公，他也想像莫札特那樣有才華，但顯然老天沒給他如此優異的天分和能力。

　　不久，莫札特準備到維也納的消息傳開了。約瑟夫二世是個十分熱愛音樂的人，自然不會放過這次與莫札特見面的機會。於是約瑟夫二世隆重接待了莫札特，為了表示歡迎，他還專門為莫札特彈奏了一首曲子，這首曲子恰恰是薩列里譜寫的。演奏完畢後，約瑟夫二世向莫札特討教關於這首曲子的看法，莫札特先是讚揚了一番，然後就坐下彈奏這首曲子。彈了幾遍後，莫札特對曲子進行了一番修改，修改後的曲子不僅更

加流暢，還傳遞出一種充滿熱情的氣息。

約瑟夫二世對莫札特的能力大為讚揚，而薩列里則一邊驚嘆一邊感到羞恥。他被一種挫敗感打擊得沮喪不已，為什麼莫札特這麼有才華，而自己卻是個平庸之輩？薩列里心裡對莫札特嫉妒不已，但表面上卻沒有表現出來，他不想讓別人覺得自己在嫉妒莫札特。

在一個盛大的化裝舞會上，莫札特再次大放異彩，他當眾彈奏了許多著名作曲家的曲子。薩列里當時戴著面具，雖然看不到他的表情，但他接下來的舉動卻暴露了他的嫉妒。薩列里喊出了自己的名字，讓莫札特彈奏自己所譜寫的曲子。莫札特立刻開始演奏，但用了十分滑稽的方式，這讓在場的所有人都哈哈大笑起來。薩列里的心情更糟糕了，他覺得莫札特是在故意羞辱自己，他決定毀掉莫札特。於是薩列里開始以朋友和支持者的身分出現在莫扎特周圍，表面上他是在幫助莫札特，實際上他一直在製造麻煩給莫札特。

由於約瑟夫二世的厚愛，莫札特留在維也納編寫歌劇。在莫札特編寫《費加洛的婚禮》（*Le nozze di Figaro*）這部歌劇時，薩列里從中作梗，建議莫札特在歌劇中加入一段芭蕾舞。薩列里深知約瑟夫二世不喜歡芭蕾舞，他希望約瑟夫二世看了歌劇後會因這段芭蕾舞表演大發雷霆。但意外的是，約瑟夫二世不僅沒有生氣，反而很喜歡。

在《費加洛的婚禮》正式演出時，約瑟夫二世前去捧場。薩

列里知道約瑟夫二世是個沒耐性的人，很難堅持看完，他決定利用約瑟夫二世的消極反應來讓《費加洛的婚禮》再無上演的機會。果然，在歌劇快要結束的時候，約瑟夫二世忍不住打了個哈欠。薩列里抓住這一點，讓《費加洛的婚禮》在首演後再無叫座的可能，於是莫札特的經濟收入就變少了。薩列里發現自己的陰謀得逞後十分高興。

不久之後，莫札特再次編寫了一部不朽之作——《唐璜》（*Don Juan*）。這部歌劇在當時的反響也不怎麼樣，當薩列里得知後變得更加高興，而莫札特的生活也因此開始變得貧困不堪。

莫札特的妻子康絲坦茲（Constanze Mozart）無法忍受貧困生活的折磨，就拿著莫札特的手稿找薩列里幫忙，希望他能幫莫札特謀求一份皇家音樂教師的職位。薩列里看了莫札特的手稿後，又吃驚又痛苦。他驚嘆於莫札特的音樂才華，手稿上沒有一處修改的痕跡，所有音符都是一氣呵成。同時他又很痛苦，他抱怨上帝為什麼將所有音樂才華都賦予了莫札特而不是自己。最後，薩列里因嫉妒變得扭曲了，他發誓在有生之年一定要想盡辦法貶低和折磨莫札特。

薩列里假扮成一個黑衣人，上門向莫札特購買樂曲，他出的價格很低。莫札特為了維持生計不得不超負荷工作，他的身體變得越來越虛弱。當薩列里發現莫札特正被病痛和疲勞折磨的時候，他變得十分興奮，他決定繼續向莫札特施加壓力，希望莫札特儘早死去。薩列里又交給了莫札特一個譜曲的任務，

莫札特在頂著病痛和疲勞的折磨加緊譜曲的時候，身體變得更加虛弱。

莫札特在編寫歌劇《魔笛》（*Die Zauberflöte*）的時候，身體已經變得虛弱不堪，精神狀態也很差。看到莫札特這種糟糕的狀態，薩列里十分高興。有一次，莫札特在工作的時候不小心昏倒了，薩列里看到這個場景後竊喜不已。最終，薩列里將莫札特送回家中，並且交代給了他新的任務，讓莫札特繼續拖著病軀工作。後來當《魔笛》在劇院上演的時候，莫札特還擔任了樂隊的指揮。

有一天，莫札特在進行演出的時候突然昏倒了。從那以後，莫札特開始臥床養病，但薩列里根本不打算放過他，仍然讓莫札特譜寫《安魂曲》（*Requiem in d-Moll*）。薩列里希望這首《安魂曲》能在莫札特的葬禮上演奏。此時的莫札特已經極度虛弱，甚至連提筆都做不到了。薩列里提出了一個建議，莫札特口述，他執筆。最終曲子譜寫完了，莫札特也去世了。

莫札特死後，薩列里雖然很高興，但卻常常被噩夢困擾，他總感覺莫札特的冤魂在向自己索命。最終，薩列里精神失常，被送進了瘋人院。

薩列里之所以將滿腔的嫉妒化為非得將對方置於死地的仇恨，與莫札特絕佳的音樂天賦自然是分不開的，但莫札特無意的羞辱也讓薩列里變得更加憤怒。在現實生活中，這種受到嫉妒對象羞辱的情況較為少見，但像薩列里這樣因嫉妒而對對方

充滿了敵意的情況卻很常見。

　　嫉妒屬於一種損人害己的情緒。在嫉妒情緒的影響下，人們往往容易變得極端起來。嫉妒這種情緒帶給人的感受通常很痛苦，一個人之所以嫉妒另一個人，是因為對方比自己優秀，這種認知會使他意識到自身的劣勢，從而產生挫敗感和不滿。

　　在德爾菲神廟上鑴刻著上百條神諭，其中一條神諭會讓人有醍醐灌頂之感，那條神諭就是「認識你自己」。這簡短的幾個字，說起來容易，做起來卻十分困難。對於大多數人來說，我們最熟悉的人是自己，最陌生的人也是自己。

　　據說，蘇格拉底（Socrates）看到這條神諭時，沉默了很久才激動地說：「這才是哲學研究要完成的最高任務！是人生的至理名言！」除了蘇格拉底外，希臘哲學第一人泰利斯（Thales of Miletus）和德國著名哲學家尼采也十分贊同這句話。當有人問泰利斯什麼事情最難時，泰利斯用這句神諭作為回答。在尼采的著作《論道德的系譜》（*Zur Genealogie der Moral*）中，也對認識自己展開了闡述：「我們對於自己總是那樣陌生，不明白自己，也搞不懂自己。但我們永遠知道，距離自己最遠的人就是自己。」在老子所著的《道德經》的第 33 章中有這樣一句話：「知人者智，自知者明。勝人者有力，自勝者強。」可見，人貴有自知之明。

　　古代先賢們之所以強調自知之明的重要性，是因為我們對自身往往無法做到有自知之明。通常情況下，我們會堅信自己

比普通人優越，高於中等水準。但問題是，所有人都高於中等水準，這可能嗎？例如畢業生在找工作時會在履歷上列出自己的畢業排名，而畢業排名通常是排在班級的前 10%。當面試官看到這樣的履歷時，的確會對應徵者感興趣，但問題是，如果面試者看到的履歷都是這樣的，好像每個畢業生的畢業排名都在班級的前 10%，那樣面試官對此還會感興趣嗎？

之所以會出現這種現象，是因為人們通常認為自己更聰明、更善良、相貌更好、道德水準更高、更能勝任自己的工作，這與我們的自我偏見是分不開的。當一個人犯了錯誤時，他會給自己找許多藉口；在面對自己的優勢時，他則會牢牢記住。例如諾貝爾生理學或醫學獎的得主班廷（Frederick Banting）、麥克勞德（John MacLeod），他們一起合作發現了胰島素。在這項成就面前，兩名生理學家和普通人一樣，認為自己的功勞最大，自己在這項成就中的貢獻最大。於是班廷公開聲稱，在這項研究中，麥克勞德雖然是實驗室的領導者，但卻沒有絲毫作用，反而總是給實驗研究帶來阻礙；麥克勞德在發表和研究相關的演講時，則直接抹去了班廷的名字。

正因這種自我認知的偏差，人們才會壓抑和隱藏自己對優秀者的嫉妒。因為承認自己嫉妒別人，就是承認自己不如別人，這是一種展現自己劣勢的表現。

在許多文化中，嫉妒都被認為是一種不良情緒，應該受到譴責。因此如果一個人公開表現出自己的嫉妒，那麼就容易受

到周圍人的鄙視，為了避免遭受鄙視和維護自己在他人眼中的形象，嫉妒就必須被隱藏起來。

　　嫉妒情緒雖然被壓抑和隱藏了，但並未消失。在大多數人身上，嫉妒所帶來的破壞力非常有限，人們只是期待嫉妒的對象出醜，在對方發生不幸之事時，因嫉妒而變得開心，而不會多做什麼。但還有一些人是不會坐等嫉妒對象發生不幸的，他們會主動給對方製造麻煩，就像薩列里故意給莫札特製造麻煩一樣。然而，薩列里並不認為自己是在嫉妒之心的驅使下才去找莫札特的麻煩的，他為自己找了一個冠冕堂皇的理由，認為自己只是在對抗上帝的不公。

　　每個人都希望自己能被公正對待，也就是希望別人有的優勢自己也有。通常情況下，一些優勢可以透過自己的努力而得到，但有些優勢卻是無論怎樣努力都無法得到的，例如天賦。薩列里嫉妒莫札特的音樂天賦，並認為上帝在造人時不公正。大多數時候，像天賦、外貌之類的先天優勢，並不如家境等後天優勢那樣招致他人的嫉妒，它們更容易招來羨慕，可是這並不能阻止嫉妒情緒的產生，因為在有些極端者看來，優秀就是一種「罪」。

　　雖然嫉妒會令自己痛苦，還可能會給他人帶來麻煩，但嫉妒在競爭中卻是必不可少的。嫉妒會使一個人對自身劣勢感到焦慮，從而促使自己做出改變並積極培養優勢。

維護自尊與主觀幸福感

　　奧地利著名心理學家阿爾弗雷德·阿德勒（Alfred Adler）是個從小被自卑籠罩的人。阿德勒出生於維也納一個中產階級猶太人家庭，在家裡的 6 個孩子中，阿德勒排行第二，他有一個十分優秀的哥哥，他的哥哥是個典型的模範兒童，阿德勒從小就生活在哥哥的陰影下。阿德勒的健康狀況很差，從小就飽受疾病的折磨。幼年時，阿德勒身患佝僂病，這種病讓阿德勒看起來像個殘疾人，不能自如地活動。5 歲時，阿德勒差點因肺炎而死，不過阿德勒戰勝了病魔，他神奇地痊癒了。從那以後，阿德勒就夢想成為一名醫生。

　　在上國小時，阿德勒在班裡是個平淡無奇的存在，學業成績不優異，也不會到處惹麻煩。阿德勒的數學成績很差，不過在父親的鼓勵下，阿德勒努力學習數學，數學成績越來越好，並成了班上數學成績最好的學生。兒童時期的阿德勒與父親的關係較親近，但他的母親並不看好次子，反而更喜歡處處優秀的長子，因此阿德勒與母親的關係並不親近。這導致阿德勒十分反對佛洛伊德提出的戀母情結（Oedipus Complex），在佛洛伊德看來，男孩的潛意識裡都有弒父娶母的傾向，希望父親消失，從而擁有母親；但阿德勒的早年人生經歷證明，佛洛伊德的這種觀點並不適用於所有人。

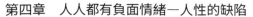

　　長大後，阿德勒進入維也納大學學習醫學。雖然阿德勒最終獲得了醫學博士學位，但他在學校裡的表現並不像佛洛伊德那樣令人矚目，也沒有給哪位教授留下深刻的印象。

　　本來，阿德勒打算做一名眼科醫生，但阿德勒在行醫的過程中，開始重視自卑對人的身體健康的影響。阿德勒的病人大都是窮人，這些人中有些具有十分凸出的體質能力，例如雜技演員。透過對這些人的了解，阿德勒發現他們與自己有著十分相似的童年經歷，從小身體不好或者身患疾病。但早年的患病並未阻止他們成為優秀的雜技演員，這些人與阿德勒一樣，長大後都克服了自身的不足。這個發現成為阿德勒轉投精神病學的動力之一，後來他開始追隨精神分析流派的創始人佛洛伊德。

　　在佛洛伊德的追隨者中，有些人選擇堅決維護他提出的理論，但有些人卻與他產生了分歧，甚至是決裂。提起決裂，許多人都會想到佛洛伊德與榮格的決裂。佛洛伊德曾十分看重榮格，但後來兩人因在理論上意見不統一，最後，雙方決裂了。這種決裂不論是對佛洛伊德還是對榮格，都是一種痛苦，雙方都很看重對方。但當佛洛伊德與阿德勒決裂的時候，他就顯得果斷多了，他直接將阿德勒視為「叛徒」。

　　當時，佛洛伊德和阿德勒同屬一個重要精神分析刊物的主編。兩人的關係惡化之後，佛洛伊德公開表示如果阿德勒繼續在編輯部任職，那麼自己就會離開。後來阿德勒選擇了辭職，從那以後兩人的關係就徹底決裂了。

　　之後，阿德勒所提出的理論開始重視親子關係和社會經驗，對佛洛伊德所提出的關於兒童性慾的那套理論完全摒棄了。在阿德勒所提出的心理學理論中，「超越自卑」最廣為人知，阿德勒的著作《自卑與超越》（*What Life Should Mean to You*）就是專門論述這個理論的。在阿德勒看來，生而為人就必須得體會自卑和無助，在自卑情結的驅使下，人們會努力彌補自身的不足，從而朝著完美的目標奮進。

　　阿德勒所提出的超越自卑的理論與他的早年經歷密切相關。在一個人成長的過程中，他會不自覺地與同齡人進行比較，通常情況下，與自己年紀相近的兄弟姐妹會成為自己第一個進行比較的對象。在阿德勒的幼年生活中，他的哥哥一定是他比較的對象。但不幸的是，阿德勒的哥哥太優秀了，哥哥的優秀將阿德勒襯托得更加自卑。總之，一個人如果擁有一個特別優秀的兄弟或姐妹，那麼他的自尊一定會受到嚴重的傷害。

　　自尊常常與人的主觀幸福感密切相關，因此當我們與他人進行比較時，我們都會傾向於進行向下比較，因為在和不如自己的人進行比較的時候，我們才會獲得高自尊，而高自尊會使我們變得快樂和樂觀。如果一個人總是和比自己優秀的人比較，那一定是在給自己找不痛快，就好像阿德勒的童年時期一樣，讓自己活在優秀者的陰影中，一直被自卑折磨著。

　　對於人這種群居動物而言，人際關係十分重要。在遠古時代，一個人如果脫離部落，那麼他面臨的命運就是死亡。在現

代社會，從物質層面上來說，一個人完全可以脫離他人而生存下去；但在長期的進化過程中，人際關係儼然已成為我們必不可少的心理需求。因此對於現代人來說，一個人即使能做到獨自生存，通常也不會選擇獨處，因為孤獨的感覺很痛苦。

　　而在人際交往中，自尊就變得尤為重要，自尊會造成一種警示的作用。雖然自尊是一個人對自己的認知和評價，但它卻是建立在他人對我們的期望的基礎上的。當一個人的行為被周圍人接受和讚揚時，他的自尊心就會得到滿足；相反，如果一個人被周圍人拒絕或看不起，那麼他的自尊心就會受到打擊。例如阿德勒從小就不是一個受歡迎的孩子，他身體不好，學業成績也很一般，所以他幼時是自卑的。在自尊心受到打擊的時候，人會覺得很痛苦，為了擺脫這種痛苦的感受，就只能努力改變自己，讓自己變得更加優秀，讓自己被周圍的人接受。

　　低自尊固然會讓人痛苦，但這並不表示極高的自尊就是好的。與低自尊一樣，過高的自尊同樣屬於不適應社會生活的表現。因為極高的自尊往往意味著唯我獨尊，容不得與自己相左的意見的存在。就好像佛洛伊德一樣，與他意見相左的人會被他驅逐出精神分析流派，他甚至還將阿德勒稱為「叛徒」，在他建立的精神分析流派裡只有堅定的支持者。

　　一個人的自尊如果過高，那麼當他的自尊心受到他人威脅的時候，他就會採取打壓別人的方式，甚至會表現出攻擊性。他在遭遇挫折時會變得尤為憤怒，無法接受挫折。在人際交往

中，自尊心過高的人容易被周圍的人討厭和拒絕，因為他們有著膨脹的自我，喜歡隨便打斷別人的談話，甚至對別人評頭論足。

過高的自尊還很容易導致一個人無法客觀地認識自己，從而將自己遇到的各種問題的責任都推卸到別人身上，認為根本不是自己的錯。雖然這種逃避現實的方式能讓他保護自己的自尊心，但這種過高的自尊實則隨時面臨著威脅和壓力，使他很容易產生各種心理問題，比如過度焦慮。

以牙還牙的報復衝動

1815 年 2 月底，法老號遠洋貨船的老船長在運貨期間病死在途中，他臨死前任命一個名叫愛德蒙・唐泰斯（Edmond Dantès）的人為代理船長，並委託唐泰斯將船開到一座小島上，這座小島上囚禁著大名鼎鼎的拿破崙。唐泰斯按照老船長的吩咐與拿破崙見面，拿破崙交給唐泰斯一封密信，交代他一定要將這封信交給自己在巴黎的親信。

這艘貨船最終回到了馬賽港。回國後不久，唐泰斯就和女友美爾塞蒂絲（Mercédès Herrera）商量著準備結婚，兩人已經相愛多年，不過他還要帶著美爾塞蒂絲一起去趟巴黎，完成拿破崙的委託。但讓唐泰斯萬萬沒想到的是，一場陰謀正在醞釀之中，他的命運也將會因這場陰謀而發生鉅變。

5 月，在唐泰斯與美爾塞蒂絲的婚禮上，他被逮捕了，罪名是 —— 他是一名極度危險的政治犯。唐泰斯當然是被冤枉的，籌劃這場陰謀的有兩個人，一個是一心想要取代唐泰斯船長地位的貨船押運員唐格拉爾（Danglars），另一個則是唐泰斯的情敵，愛慕美爾塞蒂絲多年的費爾南（Fernand Mondego）。兩人將一封控告唐泰斯的密信送到了當局的手中。

德・維爾福（Gérard de Villefort）是審理唐泰斯案件的代理檢察官，當他發現拿破崙所送密信的收信人是自己的父親時，

擔心此信會給自己的前途帶來阻礙，就順勢將唐泰斯送進了伊夫堡監獄。

起初唐泰斯堅信自己的冤屈總會被檢察官發現，那個時候他就會被宣判無罪，就能離開監獄回到未婚妻的身邊。但隨著時間的推移，唐泰斯慢慢失去了希望，他開始變得絕望起來，甚至有了自殺的念頭。

一天晚上，唐泰斯聽到了一些怪異的聲音，好像是有人在挖掘著什麼。不一會，一個人出現在了唐泰斯的牢房裡。這個人是法利亞神父（Abade Faria），就被關在唐泰斯旁邊的牢房裡，他一心想透過挖掘道地的方式逃出監獄，但因計算錯誤，將道地的出口開在了唐泰斯的牢房裡。

接下來，唐泰斯與老神父成了朋友。老神父在了解了唐泰斯的遭遇後，幫他進行了分析。在老神父的引導下，唐泰斯終於知道陷害自己的仇人是誰了，他開始有了活下去的希望，即復仇。

在與老神父的相處中，唐泰斯學到了許多知識，還從老神父那裡得知了一個祕密，即一個名叫基督山的小島上埋藏著一筆巨大的財富。

老神父去世後，唐泰斯決定逃出監獄。唐泰斯利用老神父之前挖出的道地，進入老神父的牢房並鑽進準備運送老神父屍體的麻袋中。最終，唐泰斯被獄卒當成屍體扔到了大海中。唐泰斯用準備好的小刀將麻袋割破，然後游到了一座小島上，之

後被一艘走私船救走。

　　後來，唐泰斯在基督山島上發現了埋藏的寶藏。唐泰斯一下子成了富翁，他決定用這筆錢復仇，化名為基督山伯爵。此時，唐泰斯的三個仇人都已飛黃騰達，唐格拉爾成了銀行家，費爾南成了莫爾塞夫伯爵，維爾福成了巴黎法院的檢察官。

　　除了復仇外，唐泰斯還決定報恩。他報恩的對象是一個叫莫萊爾（Pierre Morrel）的人，莫萊爾忠厚善良，在唐泰斯落難之際曾為他四處奔波，還幫助唐泰斯照顧年邁的父親。不過此時的莫萊爾處境很慘，他破產了，絕望之際甚至想一死了之。唐泰斯幫莫萊爾還清了債務，還送給他女兒一筆豐厚的嫁妝，並送給莫萊爾一艘新的法老號。

　　唐泰斯在調查費爾南的時候，發現這個人曾為了一己私利出賣和殺害了阿里總督（Tepedelenli Ali Paşa），並將總督的妻子、女兒作為戰利品販賣。唐泰斯收養了總督的女兒海蒂（Haidee），在聽證會上海蒂作為重要證人出席，最終審查委員會判定費爾南犯了叛逆罪和暴行迫害罪，這使得他名譽掃地。

　　費爾南希望兒子阿爾貝（Albert de Morcerf）能站在自己這邊與唐泰斯決鬥，幫自己一雪前恥，但阿爾貝卻和唐泰斯和解並且拒絕繼承費爾南的財產。原來，費爾南的妻子美爾塞蒂絲早就認出了唐泰斯，她將所有真相告訴了阿爾貝。最終，費爾南只能自己出面與唐泰斯決鬥，決鬥時唐泰斯對他說出了自己的真實身分，費爾南的鬥志一下子就沒了。回到家後，費爾南正

好遇到了自己的妻子和兒子，他們決定離開，美爾塞蒂絲要去鄉下隱居，阿爾貝決定去參軍。此時，費爾南才意識到自己什麼都沒了，在極度恐懼和絕望之中，費爾南自殺了。

　　銀行家唐格拉爾十分富有，但在唐泰斯的設計下，他損失了一大筆錢。之後唐泰斯偽裝成幫助唐格拉爾度過難關的人，設法讓唐格拉爾身敗名裂。最後，唐格拉爾不得不竊取濟貧機構的 500 萬法郎逃往義大利。在途中，唐格拉爾遇到了強盜路易吉・萬帕（Luigi Vampa），路易吉是唐泰斯的朋友。為了幫唐泰斯報仇，他先是困住唐格拉爾讓他餓得半死，再讓他以高價購買食物，最後唐格拉爾為了吃飯將 500 萬法郎全部花光了。這時，唐泰斯出現了，他向唐格拉爾公開了自己的身分，並告訴他：「雖然我應該讓你餓死，但現在我決定饒你一命。」隨後，唐泰斯給了唐格拉爾 5 萬法郎讓他自謀生路。但唐格拉爾卻因此事飽受折磨，餘生一直活在痛苦中。

　　唐泰斯的最後一個仇人就是檢察官維爾福，如果不是他當初為了一己私利將唐泰斯送進監獄，唐泰斯也不會遭受如此多的苦難。唐泰斯調查發現，維爾福與唐格拉爾的夫人有私情，並且還曾有過一個私生子，但這個私生子早就被維爾福殺害並埋在了自己以前的住所裡。之後，唐泰斯將唐格雷夫人和維爾福引到這個地方，並說出了兩人的祕密。維爾福也因此得知這個基督山伯爵就是自己的仇人唐泰斯，他是來復仇的。

　　之後，唐泰斯決定利用維爾福的家庭矛盾來報復他。維爾

福的現任妻子企圖讓自己的孩子繼承所有財產，於是她從唐泰斯那裡得到了一個毒藥配方，並用毒藥毒死了維爾福的前岳母、老僕人。接下來，她準備向維爾福的前妻之女瓦朗蒂娜（Valentine de Villefort）下毒，由於瓦朗蒂娜與唐泰斯的恩人之子是戀人關係，她得到了唐泰斯的保護，從而免遭了繼母毒手，最後在唐泰斯的安排下去了基督山島。

與此同時，唐泰斯還找人證明維爾福是個不稱職的檢察官。當維爾福意識到自己的檢察官生涯就要到此終結後，他的心情十分糟糕，他希望從妻子和兒子那裡得到安慰，但當他倉皇回到家中後發現，妻子因後悔下毒殺人和兒子一起服毒自殺了。在這種種打擊之下，維爾福瘋了。

復仇完畢後，唐泰斯終於放下了過去的種種，從此消失在了人們的視線中。

以上就是《基督山恩仇記》這部小說的故事。這種復仇的橋段在小說裡十分常見，故事模式也往往十分簡單，人們通常能輕易猜到大致劇情，但是人們卻對這種情節樂此不疲，在看到主角終於完成了復仇後，通常會產生一種十分強烈的喜悅和滿足之情。

「善有善報，惡有惡報」是一條十分常見的道德評判標準。一個人如果做了壞事，就像維爾福一樣，那麼他就要品嘗惡果，只有這樣人們才會覺得過癮。當然，如果一個人做了好事，我們會傾向於他得到好報，就像曾經幫助過唐泰斯的莫萊爾。當

壞人遭遇不幸的時候，我們會產生一種正義終於得到伸張的大快人心的感受。

在面對這個世界時，我們傾向於相信這個世界是公正的，人人都應該為自己的行為負責。因為如果一個人認為自己生活在一個無序的世界中，那麼他就會因不確定性而焦慮不已，所以世界必須秉持著一個公正的運轉原則，人們渴望善有善報惡有惡報。

當一個人被他人冒犯的時候，他就會產生攻擊性，沒有人喜歡被人冒犯。如果一個人曾被另一個人迫害過，就像唐泰斯的遭遇一樣，那麼他就會產生強烈的復仇衝動，期盼讓對方也遭受同樣的不幸，好像只有這樣他才能放下仇恨，好好生活。這種復仇心理也契合大部分人的「爽點」。

由於壞人應該得到報應的認知，我們會傾向於將復仇變成一種「伸張正義」的行為，因為這樣當對方遭遇不幸的時候，我們獲得的喜悅感才會更加理直氣壯。在小說《基督山恩仇記》中，作者大仲馬安排的三個反派角色費爾南、唐格拉爾、維爾福，他們不僅做過對不起唐泰斯的事情，還作惡多端害了不少人，正因為如此，唐泰斯的復仇才會更顯正義。他的復仇已不單單是為了私仇，更是為世人除去三個害人精，這樣一來，讀者就更傾向於三個反派要有十分悽慘的下場。而大仲馬也滿足了讀者，這三個人最後都落得個眾叛親離、生不如死的下場。

當他人傷害我們時，我們就會產生以牙還牙的報復衝動，

想要讓對方遭受自己曾受到的苦難，只有這樣才能使自己因受到傷害而產生的憤慨得到釋放。正因為有這樣的心理，復仇類的文學作品和電影才會受到大眾的喜愛，即便它們所表達的主題是病態的，也會有很多人欣然接受。例如唐泰斯在復仇的過程中也牽連了一些無辜者，維爾福的妻子和兒子都服毒身亡；還有在小說《水滸傳》中，武松為了報復蔣門神對自己的迫害，血濺鴛鴦樓，不僅殺死了蔣門神等迫害自己的人，還殺死了許多無辜者。

　　人們的復仇願望通常都會十分強烈，儘管在復仇的過程中，人們會喪失許多珍貴的東西，但復仇成功給人帶來的快樂和滿足感會麻痺人們的心理，讓人情願一條道走到黑。就好像電影《一代宗師》（*The Grandmaster*）中的宮二一樣，她的父親死在了師兄馬三的手上，她執意要為父報仇，即使周圍的人都勸她放下仇恨，就連父親的臨終遺言也是「不問恩仇」，但宮二都置之不理，就像她說的：「我爹的話，是心疼我，想讓我有好日子過，但他的仇不報，我的日子好不了。」只是，復仇的心就像火焰一樣，可以焚燒敵人，但也容易傷害自己。很多人被仇恨矇蔽了雙眼，最後也變成了害人的惡人，在後悔之時卻已無路可退。

以悲劇為指令碼的笑話

在電影《超完美告別》（*Death at a Funeral*）中，男主角丹尼爾的父親突然死亡，等待他的將是一場沉重壓抑的葬禮，各地的親朋好友們紛紛前來參加丹尼爾父親的葬禮。但讓丹尼爾萬萬沒有想到的是，這場沉重壓抑的葬禮最後卻成了一場令人捧腹大笑的鬧劇。在葬禮上，一個個讓人意想不到的問題接踵而來，鬧出了許多笑話。

按照葬禮的一般流程，丹尼爾需要在家門口等待殯儀館人員的到來，他們會將父親的棺木抬到家中。棺木被放好後，丹尼爾懷著十分悲傷的心情開啟父親的棺木，準備看父親最後一眼，沒想到棺材裡躺著的人帶給了丹尼爾巨大的驚嚇，那是一個白種人，而丹尼爾是黑種人。顯然殯儀館人員出錯了，棺材裡的那具屍體並不是丹尼爾父親。殯儀館人員一看，立刻意識到自己送錯了，於是趕緊將棺木抬走了。

費了一番工夫後，丹尼爾父親的棺木終於被換了回來，親朋好友也到齊了。就在丹尼爾以為葬禮步入正軌，開始念準備好的悼詞時，一個人突然衝了進來，並將丹尼爾父親的棺木撞翻了，遺體從棺木中掉了出來。這個人是丹尼爾堂姐的未婚夫西門，他之所以會做出這種冒失的舉動，是因為不小心誤食了迷幻藥。實際上，西門特別希望能利用這次葬禮讓大家留下一

個好印象，但顯然他搞砸了。

　　看到丈夫的遺體被撞出棺木，丹尼爾的母親立刻崩潰了，她大叫著離開了現場，親朋好友們也都亂作一團。就在這時，一個侏儒男出現在丹尼爾的面前，他說自己掌握著一個關於死者的祕密，這個祕密會讓死者身敗名裂，他還威脅說要將這個祕密公之於眾，於是丹尼爾只能將侏儒男請到一個沒有人的房間裡與他和談。

　　侏儒男的驚天祕密就是他是死者的男朋友，死者也就是丹尼爾的父親生前是個同性戀，而且侏儒男的手中還有丹尼爾父親的裸照。他威脅丹尼爾如果不給他一筆封口費，他就讓這些裸照公之於眾。丹尼爾不想給侏儒男錢，也不想讓父親的醜事暴露，於是決定將侏儒男綁起來，等葬禮結束後再說。就在丹尼爾費力解決父親的風流韻事的時候，堂姐夫西門在興奮之下，正通身赤裸著在屋頂上晒太陽。丹尼爾還有一個叔叔，他的腿腳不便，日常生活都需要他人的幫助，而他此時已經被遺忘在馬桶上很長時間了。

　　在這一系列的意外和鬧劇中，丹尼爾與輕浮、愛吹牛的作家哥哥萊恩終於和好，最後在兄弟二人的努力下，父親的葬禮終於舉行完畢。丹尼爾在發表悼詞的時候對在座的親朋好友說，無論他父親的性取向如何，他都是一個值得大家尊重的好人。

　　在歷史上，幽默一直被人們所詬病。例如在柏拉圖的《理想

國》(*Res Publica*) 中，就將幽默看作是非法行為，因為它會使人的注意力從重要事件中分神。在古希臘人看來，幽默和笑都意味著不自律，是非常危險的。

幽默之所以不被柏拉圖看好，是因為幽默具有顛覆性。在我們所聽到的許多笑話中，幽默的作用就是以輕鬆甚至是挑逗的方式來處理嚴肅的話題。就像電影《超完美告別》一樣，葬禮和死亡明明是一件嚴肅的事情，但幽默卻可以讓葬禮變成一場鬧劇，讓本該壓抑的場景變成一場令人忍俊不禁的喜劇。

在電影《微不足道》(*Big Nothing*) 中，主角查理是個失業在家的男人，之前他因記憶力衰退而辭掉了老師的工作，而他寫的書也一直沒能出版。後來查理找了一份接線員的工作，並認識了一個名叫格斯的人。

有一天，格斯無意間看到了一個牧師的上網紀錄，他發現該牧師每天晚上都會瀏覽黃色網站。格斯認為牧師一定不希望自己的這個癖好被曝光，於是決定向牧師勒索一筆錢。為了偽造不在場證明，格斯鼓勵查理入夥，和自己一起勒索牧師。查理知道這樣做不對，他拒絕了格斯，但格斯欺騙他自己這樣做是為了幫重病的女兒籌集手術費，並且說牧師德行不端，他們也算替天行道。再三勸說下，查理終於答應了。

就在查理和格斯商量勒索計畫的時候，一個年輕女子突然跳了出來，並和格斯十分熱絡的樣子，該女子是格斯的一夜情女友喬茜。喬茜一直在偷聽查理和格斯的勒索計畫，她也想加

入其中，撈一筆錢。於是三個人組成了一個「犯罪集團」。

　　喬茜認為查理和格斯都在通訊公司工作，如果由他們出面打電話給牧師進行勒索，那麼一定會引起懷疑。喬茜認為自己是最合適的打電話人選，於是三個人建造一個公共電話亭，並由喬茜給牧師打了一個電話。

　　打電話的時候，喬茜突然改了主意，向牧師敲詐 20 萬美金，他們之前商量的是 10 萬美金。喬茜的獅子大開口讓查理和格斯十分吃驚和擔心，他們知道牧師的收入並不是特別高，如果牧師拒絕了，那麼他們的計畫就沒法繼續進行下去了，誰知牧師居然答應了。

　　按照原定計畫，格斯去牧師家中取錢，查理則要到酒吧裡到處散布消息，說他和格斯正想開車出去玩，但汽車突然沒油了，所以格斯去加油站加油了。這樣可以幫助格斯做不在場證明。計畫約定格斯拿到錢後，會把錢放到火車站的儲物櫃裡，然後他會立刻回到酒吧，逢人就說自己這次去加油站加油的事。查理在聽了格斯的計畫後還提出了一個問題，說你沒有真的去過加油站，如果警察在調查的時候去問加油站的老闆那不就露餡了嗎？格斯回答說，你別擔心，加油站的老闆是個盲人。

　　三人雖然制定了一份詳細的計畫，但現實情況卻總在和他們開玩笑。他們簡直倒楣透了，接下來發生的事情完全超出了他們的預料。本來，這三個人只是想敲詐牧師一筆，但沒想到一起簡單的敲詐案竟然變成了一連串的殺人案。

格斯來到牧師家中並未順利拿到錢，反而被人用槍指住了腦袋。而查理在酒吧散布消息時發現，加油站的盲人老闆並未上班，而是在酒吧裡慶祝生日。查理受到了驚嚇，倉皇離開了酒吧去找格斯。但查理並沒有在牧師家中發現格斯，反而看到一個人躺在地上。他以為這個人是被格斯殺死的牧師，為了毀屍滅跡，查理將此人扔到了糞池中。後來查理回到牧師家並與格斯相遇，格斯告訴查理，他不僅沒拿到錢，反而被牧師拿槍指著腦袋，於是情急之下用花瓶將牧師砸暈了。查理這時才意識到，被扔進糞池中的牧師當時可能並沒有死，他可能誤殺了牧師，於是他們立刻開始清理現場。

兩人在清理時發現了牧師收藏的一部獵奇影片，這部影片中一個戴著頭套的男人殘忍地殺害了一個被綁架的女人。查理懷疑這個牧師可能就是最近到處犯案的殺人狂，他很害怕，就想著趕緊離開牧師家。正當查理打開房門時，警察突然出現了，警察告訴他，牧師的屍體在一輛路邊的汽車裡被發現了，他是被人用槍打死的。這時查理才意識到，被扔進糞池裡的那個男人並不是牧師。

警察發現現場的拖拽痕跡後，來到了糞池邊，就在警察要求查理開啟糞池時，格斯用花瓶砸暈了警察並將他綁了起來。查理意識到事態越來越嚴重了，於是準備去自首。

但查理一打開門就被一個女人用槍頂住了腦袋，這個女人是牧師的妻子，她告訴查理、格斯和警察，牧師是被她開槍打

死的，她是回來拿錢的，準備和情夫遠走高飛。就在牧師的妻子逼問三人將錢藏在了什麼地方的時候，喬茜突然出現，並用斧頭擊中了牧師妻子的腦袋。後來喬茜還找到了牧師藏的非法所得的錢財。

這下警察就成了三個人最大的阻礙，他們正不知如何處理警察時，警察提出要上廁所，於是三個人就讓被綁著雙手的警察獨自去上廁所。警察到了廁所後想要爬窗逃走，結果不小心把自己摔死了。

查理、格斯和喬茜為了處理屍體，決定偽造一起車禍。但在路上他們又遇到了警察，三個人都被帶到警察局做筆錄。由於沒有充分的證據，三人被放了出來。之後三人來到一處化工廠，準備在這裡處理屍體，這時一名老警察突然出現了，他想搶走那筆錢，結果被三人制服，他為了保命，指出喬茜是一個有名的連環殺手，她一定會找機會將格斯和查理毒死，從而私吞那筆錢，而且喬茜的口袋裡就放著一瓶毒酒。

查理和格斯起了疑心，於是逼迫喬茜喝下那瓶酒，結果喬茜根本沒事。此時老警察趁亂逃跑了，並帶走了那筆錢。格斯找到了老警察卻被他一槍打死。之後查理和喬茜也找到了老警察，他們逼那名患有糖尿病的老警察吃了一根棒棒糖，之後沒有胰島素救命的老警察死掉了。隨後喬茜暴露了她的真實面目，原來她真的是那名連環殺手，她一直隨身帶著兩瓶酒，她喝的是那瓶沒毒的，然後逼查理喝下了那瓶毒酒。

在將查理殺害後，喬茜卻發現錢早已被查理調包了。沒辦法，喬茜只能繼續尋找下一個目標。她搭上了一輛貨車，但她沒注意到，這輛貨車上有一具女屍，貨車司機就是最近到處犯案的殺人狂。兩個殺人狂相遇，之後鹿死誰手就未可知了。

黑色幽默常常被人們認為是病態的，因為它顯現出了人類行為中最壞的一面。黑色幽默是以悲劇為指令碼的笑話。在上述電影中，雖然有喜劇的元素，觀眾也會跟隨著戲劇性的變化而大笑。但查理和格斯等人的遭遇卻讓人唏噓不已，而這恰恰是黑色幽默的特點。

當令人覺得難過或悲傷的事情發生時，每個人都會有不同的反應。大多數人會覺得悲傷、遺憾，甚至是絕望。但有些人會選擇用嘲諷的態度去看待悲劇，於是就有了黑色幽默。這種幽默不僅不是病態的，還能使人的消極情緒得以緩解。

在一項實驗中，實驗者找來了 30 位殘障人士，然後讓他們看一些和殘障相關的笑話。實驗者會觀察受試者的反應，並讓他們填寫調查問卷，從而更準確地統計出他們的感受。

對於殘障人士來說，殘障是一件讓人覺得十分難過的事情，如果有人調侃殘障人士，那麼他們一定會很生氣。但實驗結果顯示，他們不僅沒有生氣，反而在觀看了許多和殘障相關的笑話後，在面對殘障這個事實時，顯得更輕鬆了，表現出了較高的活力和自制力，對自己的看法也比之前好了很多。這個結果說明，幽默是我們在面對悲劇時使自己快速恢復的方式之一。

研究者還發現，對於失去親人的人，如果他在一段時間後，能對這件令人悲傷的事情一笑置之，那麼他就能盡快從悲傷中恢復，變得更快樂，在處理壓力時也更得心應手，有著較強的社會適應能力。還有研究顯示，接受乳腺癌手術的女性，如果能以幽默的態度去面對癌症這個事實，那麼她們在術後能盡快地恢復，對自己的病情也更加樂觀。

第五章　進退兩難帶來的混亂感
—— 矛盾心理

矛盾讓人變得複雜

　　曹雪芹在小說《紅樓夢》中塑造了多位女性角色，例如「金陵十二釵」，其中就屬薛寶釵與林黛玉這兩個女性角色給人們留下的印象最為深刻。

　　提起林黛玉，許多人除了會想起她那「嬌襲一身之病」的病美人形象外，還會對她略顯尖刻的性格印象頗深。但作為一個藝術形象，林黛玉的性格得到了許多人的喜愛，因為她與薛寶釵比起來顯得尤為真實，即使這種真實是一種不成熟的表現。但如果在現實生活中，讓我們選擇與林黛玉還是與薛寶釵相處的時候，可能很多人都會選擇薛寶釵。

　　有一次，薛姨媽正在和王夫人聊天，正好周瑞家的來了，薛姨媽就交給周瑞家的一匣子宮花。薛姨媽覺得這些宮花白放著可惜了，就讓周瑞家的去送給賈府裡的姐妹們戴。薛姨媽還特意囑咐，給三位姑娘迎春、探春、惜春各兩枝，送給林姑娘兩枝，送給鳳姐兒四枝。王夫人推辭說，這些宮花就留著給寶丫頭戴吧。薛姨媽說，寶丫頭不喜歡這些花兒粉兒的。

　　周瑞家的先送去給三位姑娘，然後送給鳳姐兒，最後來到了林黛玉這裡，結果林黛玉不在自己房裡，在賈寶玉那裡玩九連環。周瑞家的進來後就對林黛玉說：「林姑娘，姨太太叫我送花兒來了。」賈寶玉一聽立刻問是什麼花兒，還想看看。說著，

賈寶玉就將裝著宮花的匣子拿了過來，開啟後賈寶玉看到了兩枝漂亮的宮花，林黛玉看了一眼後問道：「這些宮花是只送給我一人的，還是別的姑娘都有呢？」周瑞家的回答說：「各位姑娘都有了，這兩枝是姑娘的。」林黛玉一聽就不高興了，說：「我就知道！別人不挑剩下的也不會給我了！」周瑞家的聽了，頓時一聲不吭，不知所措。

如果是薛寶釵遇到這樣的事情，她斷然不會生氣，即使認為別人看輕了自己，她也不會直接說出來。在大觀園裡，薛寶釵是個廣受好評的人，就如同史湘雲對她的評價：「誰也挑不出來寶姐姐的短處。」有一次，史湘雲甚至說：「這些姐妹們，再沒有一個比寶姐姐好的，可惜我們不是一個娘養的 —— 我但凡有這樣一個親姐姐，就是沒了父母，也是沒妨礙的。」

在榮國府這樣一個人物關係十分複雜的大環境中，薛寶釵不僅得到了許多長輩、姐妹的喜愛，就連下人都很喜歡她，畢竟薛寶釵平時為人十分寬容大度，總能體諒別人的難處，會為他人著想，在他們需要幫助時伸出援助之手。就連罵人絕不重樣的趙姨娘也說薛寶釵「大度得體」。

而像林黛玉這樣「十分真實」的人，或許只在書裡或電視劇中才會受到如此多的人的喜愛，如果放到現實生活中，她一定沒有薛寶釵那麼受歡迎。在許多場合裡，林黛玉總會直言不諱地表達自己的感受，例如不滿周瑞家的最後一個送宮花給自己，就直接酸溜溜地說周瑞家的。她根本不在乎自己的言行或

許會使對方難堪或不滿。相反，薛寶釵就會注意到這一點。那麼，為什麼賈寶玉喜歡林黛玉而不是薛寶釵呢？這是因為賈寶玉與林黛玉性情相投，他們都是有些理想主義的人。

一次，賈元春命人從宮裡給家裡人送了一些端午節的禮物，她有意將賈寶玉和薛寶釵配成一對，於是就送了兩人一樣的禮物。這件事情讓本來就忌憚「金玉良緣」之說的林黛玉倍加傷心，當然賈寶玉也承擔了不小的壓力。

不久，一個道士來為賈寶玉卜算姻緣，暗示了「金玉良緣」，即賈寶玉與薛寶釵是天生一對，這讓賈寶玉很不高興。帶著這種糟糕的心情，賈寶玉去看望因生病吃不下飯的林黛玉。

結果兩人話不投機吵了起來，林黛玉知道自己說錯話惹賈寶玉傷心，卻不承認錯誤，還說賈寶玉發火是因為自己阻斷了他的金玉良緣。林黛玉的這番話不僅讓賈寶玉更加傷心，而且使他犯了「痴病」，開始拿自己的通靈寶玉撒氣。賈寶玉賭氣似地將脖子上的通靈寶玉抓下，然後用力扔到地上。誰知那玉堅硬無比，根本摔不碎。賈寶玉只能找東西來砸。

林黛玉看到這番情景又驚又怕，立刻哭了起來，還說：「何苦來，你摔砸那啞巴物件。有砸他的，不如來砸我。」這句話對於賈寶玉來說無異於火上澆油。當然，林黛玉的本意是希望賈寶玉能就此打住。

紫鵑、雪雁聽到動靜後立刻趕過來，當她們看到賈寶玉在砸玉後，意識到事態很嚴重，立刻派人去請襲人。襲人趕來

後，終於將賈寶玉勸住了。

賈寶玉的玉被襲人奪走後，他冷笑道：「我砸我的東西，與妳們什麼相干！」襲人看賈寶玉的臉色很難看，就安慰道：「你與妹妹吵架拌嘴，犯不著砸玉。一旦將玉砸壞了，叫林姑娘的心裡怎麼過得去？」襲人的這番話正說到林黛玉的心坎上來了，她立刻覺得賈寶玉還沒襲人知心，忍不住傷心地大哭起來。

林黛玉哭得厲害，不小心將剛吃下不久的湯藥給吐了出來，紫鵑見狀立刻用手帕去接，然後勸慰道：「雖然生氣，姑娘也該保重自己的身子，才吃了藥好些，這會卻因和寶二爺拌嘴，又吐了出來，如果因此犯病，那寶二爺的心裡怎麼過得去呢？」紫鵑的這番話正好說到了賈寶玉的心坎上，他忽然覺得林黛玉還不如紫鵑了解自己，可是他看到林黛玉現在的樣子很可憐，又立刻心軟了，忍不住哭了起來。

人的行為之所以常常顯得複雜，就是因為人的矛盾性，即一個人可以做出違背自己真實想法和感受的行為來。就像賈寶玉和林黛玉一樣，他們明明很關心對方、在意對方，希望對方能待在自己身邊，並且也會好好對待對方，但他們卻總是發生爭執，說一些與自己內心感受相反的話來故意惹對方生氣。這樣的相處方式很容易產生誤會。

人的矛盾性還有一種表現，即一個人會同時有兩種相反的心理。例如在林黛玉與賈寶玉的戀愛關係中，他們明明深愛著對方，卻會因為一些事情而拒絕甚至討厭對方。當襲人和紫鵑

勸解兩人的時候，分別說出了兩人的真實感受，他們就產生了一種討厭對方不了解自己的心理。

當然通常情況下，人的矛盾心理不會表現得那麼明顯，只有當一個人遇到一些問題，尤其是一些無法解決的難題時，他的矛盾心理才會變得十分強烈和凸出。當林黛玉惹得賈寶玉不高興時，她開始變得進退兩難起來，她不想讓賈寶玉生氣，但又不想道歉，自己心裡也不好受，便嘴硬諷刺賈寶玉，說賈寶玉是朝自己撒氣，因為她阻礙了賈寶玉的金玉良緣。林黛玉的這種做法會使賈寶玉產生疑惑，不知道自己在林黛玉的心裡到底有多少分量，從而飽受折磨，於是賈寶玉就開始摔玉，折磨自己了，林黛玉便更加進退兩難了。

什麼樣的人最容易叛逆

　　在義大利維洛納城有兩大家族 —— 凱普萊特和蒙太古。不知從什麼時候起，這兩大家族之間結下了血海深仇，經常發生械鬥流血死亡事件，兩個家族之間的仇恨也越結越深。

　　羅密歐（Romeo）是蒙太古家族中的一個 17 歲的青年，他雖然是個很受人歡迎的少年，但他的心上人羅瑟琳（Rosaline）卻一直不肯接受他。在莎士比亞所著的《羅密歐與茱麗葉》（*Romeo and Juliet*）中，羅瑟琳是一個被讀者忽視的人物，她是羅密歐的初戀，是曾讓羅密歐魂牽夢縈的女子，羅密歐曾這樣形容羅瑟琳：「她有黛安娜（Diana）女神的聖潔，不會讓愛情的軟弱損害她堅不可破的貞操。」原來，羅瑟琳是個準備為上帝奉獻終身的修女。不論羅密歐如何熱烈地追求羅瑟琳，羅瑟琳都無動於衷。

　　在戀愛關係中，一個人之所以會長時間地追求另一個人，與對方給他的積極回應是分不開的。如果對方的反應一直是冷冰冰的，好像是捂不熱的石頭一樣，那麼追求者很快就會放棄。事實證明，羅密歐在遇到茱麗葉（Juliet）後很快就放棄了羅瑟琳。

　　當時羅密歐聽說羅瑟琳會去參加凱普萊特家的宴會，於是他決定潛入宴會現場，近距離地接觸自己的夢中情人。由於凱普萊特家族是自家的死對頭，羅密歐若直接進入肯定不受歡

迎，於是他就和自己的朋友戴上面具混了進去。

　　茱麗葉是凱普萊特家的獨生女兒，同時也是這場宴會的主角，13 歲的茱麗葉已出落得十分漂亮，一下子就吸引了羅密歐的注意。看到茱麗葉後，羅密歐立刻忘記了羅瑟琳，上前主動向茱麗葉表達自己的愛慕之情。與冷冰冰的羅瑟琳不同，茱麗葉回應了羅密歐，表現出對羅密歐的好感。當時，雙方都不知道對方的身分。後來，羅密歐雖然知道了茱麗葉是自己仇人家的女兒，但還是抑制不了對茱麗葉的愛慕，就趁著夜色翻進了凱普萊特家的果園，與茱麗葉偷偷約會。

　　第二天一早，勞倫斯神父（Friar Laurence）就被羅密歐吵醒了。羅密歐告訴勞倫斯神父，他昨晚一夜都沒睡，他一整晚都沉浸在愛情的甜蜜中。勞倫斯神父以為是羅瑟琳接受了羅密歐的追求，但羅密歐卻告訴勞倫斯神父，他早就忘記羅瑟琳這個人了，他愛上了仇人家的女兒茱麗葉，他此次前來的目的，就是希望勞倫斯神父能幫助他們主持神聖的婚禮。勞倫斯神父在提醒羅密歐「凡事要三思而後行」後，答應了羅密歐的請求，他認為這會成為化解兩個家族仇恨的機會。在茱麗葉乳母的幫助下，茱麗葉成功從家裡跑了出來，並在勞倫斯神父的主持下與羅密歐結成了夫妻。

　　這天中午，羅密歐與茱麗葉的堂兄提伯爾特（Tybalt）在街上相遇了。提伯爾特看到羅密歐後提出了與他決鬥的要求，羅密歐剛剛與茱麗葉結婚，不想與凱普萊特家族的人為敵，表示

自己不願意決鬥。羅密歐的朋友知道後，覺得羅密歐太懦弱，決定代替羅密歐接受提伯爾特的決鬥邀請。

決鬥的結果是，羅密歐的朋友被提伯爾特殺害。羅密歐得知朋友死亡的消息後十分生氣，提著劍去找提伯爾特報仇，最終提伯爾特死在了羅密歐的劍下。

此事發生後，經過多方協商，城市的統治者決定以驅逐之刑懲罰羅密歐，羅密歐必須得離開這座城市，只要被人發現他沒有離開或者回來了，那麼等待他的就只有死刑。這個結果對於羅密歐來說無異於晴天霹靂，他剛剛與茱麗葉結婚，剛剛品嘗到愛情的甜蜜，如何捨得離開茱麗葉。茱麗葉得知這個消息後十分傷心，她也不捨得羅密歐離開。但最後羅密歐還是接受了勞倫斯神父的建議，暫時離開以躲避風頭。不過在離開之前，羅密歐得先去與愛人告別。在茱麗葉的臥室裡，羅密歐與茱麗葉度過了新婚之夜。

第二天天一亮，羅密歐就偷偷離開了，他不得不開始自己的流放生活。沒多久，茱麗葉的仰慕者之一 —— 出身高貴的帕里斯伯爵（Count Paris）前來求婚。茱麗葉的父親對帕里斯十分滿意，不顧茱麗葉的反對，讓茱麗葉下星期四就與帕里斯結婚。在父親的施壓下，茱麗葉開始採取行動，她只愛羅密歐，是絕對不可能嫁給帕里斯的，於是她去找勞倫斯神父幫忙。

勞倫斯神父想出了一個計策，他給了茱麗葉一種藥，讓茱麗葉在成婚的前一天服下。這是一種能讓人進入假死狀態的

藥，只要藥效開始發揮作用，服用者就會像死人一樣失去生息，但在一段時間後，藥效就會自動消失，服用者就會甦醒過來。只要茱麗葉假死，她就會被安葬在家族的墓穴中，到時候羅密歐會去接她，這樣兩個人就可以遠走高飛，永遠在一起了。

在婚禮的頭天晚上，茱麗葉按照原定計畫服下藥物。第二天，茱麗葉被發現「自盡」於自己的臥室中，於是婚禮變成了葬禮。就在茱麗葉陷入假死狀態中時，出了一個意外，勞倫斯神父派去的送信人並未將信件及時送到羅密歐的手中。羅密歐並不知道茱麗葉是服藥假死，以為她真的自殺了。

半夜時分，羅密歐偷偷來到茱麗葉的墓穴旁，他本想和愛人見上最後一面，但誰知帕里斯守在了這裡。羅密歐殺死帕里斯後打開了茱麗葉的棺材，他吻了吻茱麗葉，之後就拿出隨身帶來的毒藥服下了。這時，勞倫斯神父才慌忙趕到，不過為時已晚。茱麗葉醒來後發現羅密歐已死在了自己的身旁，她十分傷心，遂用羅密歐的佩劍自殺。

後來，羅密歐和茱麗葉各自的父母從勞倫斯神父那裡了解了事情的原委，他們開始後悔，覺得是兩家的仇恨殺死了這對年輕的戀人。從此之後，兩家決定消除過往的仇恨，並在城中為羅密歐、茱麗葉各鑄了一座金像以作紀念。

父母或長輩在得知兒女談戀愛後，一旦不滿意，就容易在衝動之下做出棒打鴛鴦的事情來。但他們這種干涉兒女感情的行為卻會讓年輕人之間的愛情更加深厚，他們會將父母的反對

看成是阻礙自己愛情發展的外在力量，進而產生反抗心理，而這種反抗心理反而有助於雙方之間戀愛關係的加強。就像茱麗葉這個從小養尊處優的富家小姐一樣，在父親的逼婚下，她反而對自己與羅密歐之間的感情越來越堅定。這種愛情現象也被稱為「羅密歐與茱麗葉效應」。

美國社會心理學家布萊姆曾做過一項實驗來揭示人們的反抗心理。在實驗中，受試者需要在不同的情境下在 A 和 B 之間做出選擇。在低壓的情境下，會有一個人告訴受試者「我們的選擇是 A」；在高壓的情境下，會有一個人告訴受試者「我認為我們兩個都應該選擇 A」。那麼，受試者傾向於選擇 A 還是 B 呢？

實驗結果顯示，在低壓情境下，受試者選擇 A 的比例是70％；在高壓情境下，受試者選擇 A 的比例是 40％。這個結果顯示，一個人對所選擇對象的喜歡程度，在一定程度上取決於他所面臨的情境。如果是自願的，那麼人們就會增加對所選擇對象的喜愛之情；相反，如果是被迫的，這種喜愛之情就會降低。

在戀愛關係中，如果雙方在外力的影響下被迫做出一個決定，那麼他們就會產生很強的反抗心理，心理上會抗拒做出這個決定，從而促使他們做出與之相反的決定，並且更加喜歡自主決定的事情。例如在羅密歐與茱麗葉的戀愛關係中，他們遭到了父母的極力反對，他們本該是仇人，是不能相愛的。但是羅密歐與茱麗葉並未中斷這段戀愛關係，反而背著父母偷偷結

婚，他們的戀愛關係在父母的反對下變得越來越牢固，最後他們甚至以殉情來捍衛這段戀愛關係。

　　人是一種想像力豐富、大腦發達的生物，由兩個世界構成，即內在世界和外在世界。只有當內在世界與外在世界維持平衡的時候，人的心理才是健康的，一旦出現了失衡，就會引發各式各樣的心理問題。

　　如果一個人的行為與之前的自我認知產生了分歧，也就是內外世界失衡了，人就會因認知失調而變得不舒服、不愉快。為了避免認知失調，人們會傾向於從自己的內在世界或外在世界中尋找依託，即改變內在世界或外在世界，使內在世界與外在世界重新恢復平衡。

　　反抗心理通常是人們向內在世界尋找依託的表現。例如在戀愛關係中，如果一方遭到了父母的反對，那麼他戀愛的外在理由就被削弱了，他就會因此處於認知失調的痛苦之中。於是他便轉向內在世界尋求認同，進而相信自己的感情和感受，因為他也確實在這段戀愛中獲得了一種滿足感，他因此越來越堅持這段戀愛關係，認為父母的反對是錯誤的，透過叛逆維持認知的平衡。

　　此外，自制力也十分重要。每個人都希望能獨立自主，能夠控制自己的生活，而不是成為一個被他人操縱的傀儡。由於這種心理需求，人們傾向於自己做出決定和選擇，如果是被迫的，那麼就會感覺受到了威脅，從而產生反抗心理，對於被迫

選擇的事物產生一種排斥心理，對於被迫失去的事物反而更加喜愛。因此反抗心理非常普遍，這也是為什麼羅密歐與茱麗葉的愛情故事總能得到許多人的共鳴。

心理學家透過研究發現，人們對於難以得到的東西，往往會更加珍惜，更加看重它的價值。如果一樣東西，一個人可以輕而易舉地得到，那麼即使這樣東西再值錢也容易被忽視。相反，如果一樣東西，一個人總是求而不得，那麼它的吸引力就會翻倍，在這個人心目中的地位也會越來越高。這種心理也是促使羅密歐與茱麗葉效應出現的因素之一。在戀愛關係中，父母的反對會使戀愛關係的順利發展變得困難起來，於是戀愛雙方就會更加看重和珍惜這段感情。

反抗心理不僅會出現在戀愛上，在許多情況下都會出現。例如，如果父母很強勢，總是霸道地安排孩子的一切，那麼隨著年齡的增長，這個孩子就會產生反抗心理，努力爭取來之不易的選擇自由權，故意和父母唱反調。

腦海中揮之不去的「白熊」

　　小宇是某實驗中學高一的學生，他所在學校的管理十分嚴格，因此父母十分放心讓小宇在學校裡住宿，平時也只會透過電話了解小宇的情況。最近一個多月，李女士（小宇母親）發現小宇打電話給家裡的次數越來越少，即便打來也是經常還沒說幾句話就結束通話了。每當李女士提到讓小宇好好讀書的時候，小宇就會大發脾氣。以前，小宇從來不會這樣。

　　不久，李女士就接到了小宇班導的電話。班導說小宇最近的學習狀態非常糟糕，上課老是恍神，甚至還會趴在課桌上睡覺。而且小宇還迷上了玄幻小說，除了上課時偷看外，還在晚上開著手電筒看。班導已經勸說了許多次，但都沒有效果。

　　李女士立刻趕到小宇的學校，當面質問小宇。面對母親的追問，小宇提到了自己之前的一次經歷。有一次上電腦課的時候，老師讓學生們上網查資料，小宇出於好奇，就趁著老師不注意瀏覽了色情網站。老師發現後當眾責罵了小宇。從那以後，小宇就發現同學們對自己的態度變了。有些女同學會背後議論小宇，男同學則經常拿這件事與小宇開玩笑。這段經歷讓小宇十分羞愧，他覺得自己骯髒下流，根本不配做個好學生。痛苦不已的小宇只能透過閱讀玄幻小說來麻痺自己。當小宇意識到這已經嚴重影響了自己的課業時，他也想戒掉這個毛病，

但他越是告訴自己不要去看奇幻小說，他的腦子裡就越會出現玄幻小說中的情節。

這種現象在心理學上被稱為「白熊效應」，也被叫做「反彈效應」，即越想忘記的事情，就越容易被記起。提出白熊效應的人是美國哈佛大學的心理學教授丹尼爾・魏格納（Daniel Wegner），他還進行了相關的心理實驗。魏格納的實驗靈感來源於一本雜誌上的一篇文章。

魏格納在看雜誌《花花公子》（Playboy）時，看到了一篇文章，文章中提到了杜斯妥也夫斯基（Fyodor Dostoyevsky）在《冬記夏日印象》中的一段話：「每當我們努力讓自己不想北極熊時，我們就好像被施咒了，北極熊會無時無刻不出現在我們的腦海中。」

當時讀到這篇文章的魏格納還只是一名心理系的學生，在他成為哈佛大學的心理學家後，他便開始進行「白熊實驗」。受試者被魏格納分成了兩組。第一組的受試者被要求不要想白熊，除此以外可以想任何事情；第二組的受試者被要求要盡可能地去想白熊。魏格納還交代道，他們只要一想到白熊，就得按鈴，這樣方便魏格納記錄下所有受試者腦海中白熊出現的次數。

實驗結果顯示，第一組受試者想到白熊的次數要遠遠高於第二組的受試者。也就是說，當受試者越是禁止自己去想白熊時，白熊在他們腦海中出現的次數就越多，受試者就越是無法擺脫對白熊的想像。

後來，魏格納讓兩組受試者把任務交換一下。原本努力去想白熊的受試者需要克制自己不去想白熊，而原本克制自己去想白熊的受試者則不需要再壓抑自己的想法。這次實驗再次驗證了之前的結果，受試者越是克制自己去想白熊，想到白熊的次數就會越多。

　　魏格納根據這個實驗結果提出了白熊效應，並在《科學》（Science）雜誌上發表了一篇文章來說明白熊效應。白熊效應在我們的日常生活中可以說隨處可見，每當我們想要杜絕某種想法的時候，我們就越容易被這種想法所控制，也就是越壓抑，反彈得就越厲害。

　　白熊效應同時說明，越是被禁忌的事情，就越是充滿了誘惑力。例如在中東國家，會有性方面的禁忌，但據一項調查顯示，中東國家的人們在瀏覽網路色情作品上花費的時間遠遠高於性開放的國家。這是因為，當人們越是對某件事情有所禁忌時，禁忌就越會充斥人們的頭腦，禁忌也就越充滿了誘惑，人們就越容易去打破禁忌。

　　當一個人的腦海中浮現出一些不應該出現的畫面時，人們通常會選擇壓抑，但越是壓抑，這種畫面就越霸占著大腦不肯離開。於是有些人開始擔心自己的內心是罪惡的，會經常為此苦惱，對於自己腦海中為什麼會出現這種引起人罪惡感的畫面，很難得出一個合理的解釋。但可以明白的是，越是抑制自己不要去想這些畫面，人的大腦中就越會出現此類場景。

　　白熊效應之所以會存在，是因為當我們刻意轉移注意力的時候，無意識會開始「自主監視」，監視自己是否還在想不應該想的東西，這種思維模式會使我們無法放棄對此類事件的注意。因此，想要杜絕白熊效應的出現，我們就必須遵從思維規律，選擇順其自然，這樣才能讓人不時時回想、謹記某件事。

　　想要做到順其自然，就不要刻意去忘記一些事情，即使該事件是非忘不可的。將自己的注意力放在日常工作和生活中，隨著時間的推移，我們自然會漸漸忘記那件事。總之，刻意逼自己忘記只能讓自己更牢記，想要忘記就必須順其自然。

　　對於一些失戀的人來說，如果你總想忘記戀人，認為這樣能幫助自己擺脫痛苦，但越是想忘記，戀人在自己腦海中的樣子就會越清晰，內心也就會越痛苦。這種現象其實也是白熊效應。若你想要避免自己被白熊效應所影響，可以從以下幾點著手：

1. 調動自己的快樂記憶。研究顯示，當一個人在回憶令自己快樂的積極經歷時，他就可以暫時忘記痛苦的負面記憶。因此，一個人若想要忘記令自己痛苦的事情，可以透過調動快樂的情緒記憶來擺脫痛苦。當然，所在環境的選擇也十分重要，最好是在一個輕鬆快樂的環境中，這樣可以使快樂的記憶更快地被調動起來，從而對我們的內心產生積極的影響。在快樂記憶的積極暗示下，我們會用積極的思維去考慮問題，從而改變自己對事物和他人的看法。當認知發生改變時，周圍的一切也會隨之發生改變。

2. 停止理性思考，讓自己去體會此刻的平靜。想要忘記一些事情，不要去思考如何忘記或阻止自己想起，而是應該讓自己學會用積極的態度去接受。如果你意識到自己正沉浸在痛苦的記憶中，那麼不要用理智去分析這段記憶，更不要去追究其原因，而是應該積極接受，這樣你就會漸漸變得平靜起來，痛苦的記憶會自然而然地消失。

3. 對消極情緒保持開放性。消極情緒會帶給人痛苦，因此人們對消極情緒總是採取一種逃避的態度。其實，對消極情緒保持開放性的態度，更有利於人從消極情緒中走出來。當一個人意識到自己處於消極情緒中時，他就會開始審視消極情緒，進而讓自己保持清醒。

人們總想著用理性控制自己的情緒，但事實證明這很難做到。因此當情緒出現時，不論它是積極的還是消極的，都順其自然，不要抗拒，這樣才能讓自己盡快恢復平靜。人只有在平靜的狀態下，才能冷靜思考解決問題的方案。當然想要做到這一點，需要反覆訓練，不然你就很難在情緒出現的時候盡快恢復平靜，也就很難抵制白熊效應。

故意和人唱反調

「槓精」是一個網路流行語，具體是指那些總喜歡與別人抬槓，在人們面前刷足存在感，好像打壓了別人的觀點，就能從中獲得優越感的一群人。武俠小說《天龍八部》中的包不同就是一個「槓精」。

包不同是姑蘇慕容家的家臣，與鄧百川、風波惡、公冶乾一同跟隨慕容氏，十分忠心，也被人們稱為「包三先生」。包不同在《天龍八部》中的戲份雖然不多，但臺詞卻很多，他平生最大的愛好就是與人抬槓，絕不認錯，絕不道歉，即使意識到自己說錯了，也要嘴硬到底。包不同長了一張見縫插針的嘴，他不僅喜歡說話，還要說贏別人，可謂「得理不饒人，沒理攪三分」。包不同的口頭禪就是「非也，非也」。正是這種愛與人抬槓、處處揭人短處的性格，為包不同帶來了不少麻煩，最後直接導致他因說話不當死在了慕容復的手上。

包不同第一次出場是在杏子林中，他直接與丐幫幫主喬峰槓上了。包不同看到喬峰後說了這樣一句話：「這位是丐幫的喬幫主嗎？兄弟包不同，你一定聽說過我了。」包不同上來就直接與喬峰稱兄道弟，其實以喬峰的威名，包不同是不夠資格與他稱兄道弟的，畢竟江湖上流傳著「北喬峰，南慕容」，卻不見包不同與他們齊名。

喬峰沒有在意這些，接話道：「原來是包三先生，久仰英名，今日一見實乃幸事。」放到一般人身上，對喬峰這種禮貌式的回應應該會很滿意，但「樍精」包不同直接說：「非也，非也。我哪有什麼英名。江湖上臭名倒是有的。人人都知我包不同一生惹是生非，出口傷人。不過喬幫主，你隨隨便便來到江南，這就是你的不對了。」

　　包不同的這句話讓丐幫的兄弟十分惱火，紛紛摩拳擦掌準備好好教訓一下包不同。但包不同根本不收斂，繼續說道：「我家公子聽說喬幫主是個人物，也知道丐幫裡人才濟濟，所以特意到洛陽拜會閣下。不過你怎麼來到江南了？豈有此理，豈有此理！」喬峰聽後笑了笑說：「慕容公子駕臨洛陽敝幫，在下如若提前得知，定當恭候大駕，失禮之罪，先行謝過。」喬峰顯然是在道歉，但包不同仍然不給他好臉。杏子林裡的氣氛一下子變得緊張起來，包不同一行人也被丐幫的人團團圍住。

　　在雙方交手的時候，包不同由於有王語嫣這個武學百科全書的指點，與他人交手時並未落下風。不過後來喬峰出手了，包不同自然不是喬峰的對手，還沒過幾招，就已經被喬峰制住了氣門。雖然在武功上輸了，但包不同絕不會在嘴上落下風：「技不如人，臉上無光！再練十年，又輸精光！不如就此罷休，吃盡當光！」

　　當包不同跟隨慕容復一起前往「聰辯先生」蘇星河布置的玲瓏棋局之處時，人們的注意力都放在了玲瓏棋局上，但包不同

卻在與康廣陵鬥嘴。

　　包不同除了喜歡與人抬槓外，還很喜歡嘲諷他人，段譽、康廣陵、丁春秋都沒逃過他的嘲諷。例如包不同在形容丁春秋的功夫時就說，丁春秋的功夫有三項是前無古人後無來者——馬屁功、法螺功、厚顏功。

　　因為愛抬槓，沒有人喜歡包不同，最後他也是因抬槓喪命於自己效忠的慕容復手裡。慕容復一心想要完成復國大業，卻屢屢失敗。慕容復的父親甚至勸慕容復放棄復國大業，這樣才能過上逍遙自在的日子，但慕容復不甘心。後來他為了復國甚至不惜認段延慶為父，以藉助大理段氏的力量。

　　包不同十分不滿於慕容復此舉，他對慕容復說：「公子爺是大燕國慕容氏堂堂皇裔，怎麼能輕易更姓為段氏。雖然復國大業異常艱難，但只要我們全力以赴，能成功完成復國大業自然是好，就算失敗了也算是堂堂正正的好漢子。公子爺要是認這個人不人鬼不鬼的人做義父，就算將來成為皇帝也不光彩。更何況一個慕容氏的人，想要去當大理的皇帝，怕是難上加難。」

　　包不同的這番說辭直接惹惱了慕容復，慕容復認為包不同言語無禮，但並未表露出來，只是說：「包三哥，許多事情，你未能明白，以後我會慢慢和你解釋。」

　　包不同搖著頭說：「非也，非也！公子爺，雖然包不同蠢，但你的用意我卻能猜到一二。你只不過是想學韓信，暫時忍耐一時的胯下之辱，以待日後的飛黃騰達。你是想今日改姓段

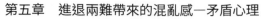

氏，等以後掌握了大權，然後再恢復慕容姓氏，甚至將大理的國號改為大燕；又或者發兵討伐宋或遼，以恢復大燕的舊疆故土。公子爺，你的用意雖好，但這樣一來，卻會讓自己成為不忠、不孝、不仁、不義之徒，你難免會心存愧疚，也會受到世人的嘲笑。要我說，這皇帝，不做也罷！」

包不同說這番話時，段延慶還在場，這讓慕容復抹不開面子，於是慕容復直接給了包不同一掌。包不同在流下兩行清淚後氣絕身亡。

雖然包不同只是小說中的人物，但在我們的生活中像他這樣的「槓精」也不在少數，他們總是喜歡和別人唱反調，故意和人唱反調，總會說一些或做一些違背別人甚至是自己意願的事情。例如明明很在意、喜歡對方，卻表現得毫不在意，或者貶低、嘲笑對方。

那麼，為什麼有的人總喜歡故意和別人唱反調呢？這與他們幼年時期沒有形成關愛、安全、舒適的依戀關係相關。如果一個人從小生活在一個被忽視或被傷害的環境中，那麼他就會出現依戀障礙，隨著年齡的增長，他就會出現如自我封閉、自卑、搗蛋、叛逆等心理問題。對於這類人來說，他們不會用令人舒適的方式來表達自己的真實想法，反而總喜歡為難對方。

這種故意和人唱反調的行為能讓人在心理上占據優勢。對於此類人來說，他們十分在意心理上的優勢地位，總想著能透過反對的方式來壓對方一頭。愛抬槓的人一般不會給別人發言

的機會，並且經常說出反對別人意見的話來，以此來滿足自己的優越感，這是一種令人討厭的自戀和叛逆行為。

愛抬槓的人特別在乎自己的感受，不會換位思考，更不會替別人著想。在與人抬槓的時候，他們往往會表現出一種唯我獨尊的姿態，覺得什麼事情都應該由自己說了算，別人都應該聽他的。或許在他的成長過程中，他沒有得到表達和被尊重的機會，所以希望透過抬槓的方式來尋求補償，或許抬槓會讓他顯得與眾不同，但卻會破壞他在他人心目中的形象，而並不會幫他真正贏得他人的尊重和重視。

「槓精」雖然不被人們所喜愛，卻總能刷足存在感。例如在許多偶像劇裡，都會有這樣的設定，女主角通常很喜歡和男主角抬槓，從而成功吸引男主角的注意，讓男主角覺得這個「槓精」女主角與自己認識的其他女人都不一樣，很特別。女主角透過抬槓的方式博得了別人的注意，從而逐步實現「逆襲」。但這畢竟是偶像劇裡的套路，在現實生活中往往並不管用，反而很容易給自己帶來禍患。

在親密關係中，性格固執的人也總喜歡和別人唱反調，不會輕易表達出自己的真實意願。因為在他們看來，如果將自己的心意真實展現給對方，那麼就意味著讓自己處於一種可能被拒絕的危險境地之中。一旦自己主動表達對對方的愛意、關心，就意味著把自己擺在被動的一方，面臨著被拒絕、被背叛的危險。與其讓對方先討厭自己，倒不如自己先表現出討厭對

方的樣子；與其表達自己的真實心意，倒不如和對方唱反調，用這種毫不在意對方的表現來「保護」自己。在戀愛關係中，一些人非常在意到底是誰先提出的分手，因為這意味誰才是那個被拒絕、被背叛的人。他們不允許自己成為那個被拋棄的「弱者」。

這麼做表面上看起來是保護了自己的自尊心，但會將對方推得越來越遠。對方會感覺自己被傷害了，也會變得固執起來。當雙方都堅持毫不讓步的時候，這段關係就會變得緊張起來，甚至直接走向破裂。但對於性格固執的人來說，他不會這樣認為，當對方離開自己後，他反而會認為還好自己沒有表達出真實的心意，認為自己有先見之明。

當然，除了固執己見的人喜歡和人唱反調外，其實任何人都可能出現這種故意與人唱反調的心理和行為，尤其是當一個人心情不好時，他總是很難顧及他人的感受，很容易故意和別人唱反調。如果一個人感覺到自己被對方忽視，那麼他就會產生一種焦慮感，變得憤怒和富有攻擊性。在這種情況下，人很容易故意做出違背對方意願的行為，明明知道對方期望的是什麼，卻偏偏朝著與之相反的方向去說、去做。

幼年期的依戀關係

　　父母都希望自己能擁有一個聽話的孩子，如果孩子總不聽話，或者總和父母唱反調，那麼這個養育的過程就會變得十分艱辛。為什麼有的孩子很聽話，有的孩子卻很叛逆，總是和父母唱反調呢？這與他們幼年時期和養育者形成的依戀關係密切相關。

　　英國發展心理學家約翰·鮑比（John Bowlby）提出了著名的依戀理論，在他看來，生命早期的依戀會影響一個人一生的發展。他的學生瑪麗·愛因斯沃斯（Mary Ainsworth）在之後的研究中取得了重大進展，並提出了一個新的依戀理論，即依戀的安全性。

　　在愛因斯沃斯看來，個體之間的依戀關係之所以會存在差異，是源於依戀的安全性或不安全性。為了驗證這個猜想，愛因斯沃斯設計了陌生情境實驗，用來測驗 1 歲嬰兒對母親依戀的安全性。

　　愛因斯沃斯為參加實驗的母親和兒童準備了一個房間，房間非常舒適，裡面還有一些玩具。接下來，兒童將會面臨不同的情境。

　　第一種情境是實驗組織者向母親和兒童介紹實驗室，然後

離開；第二種情境是兒童在母親的陪伴下在實驗室內玩玩具；第三種情境是陌生人進入實驗室，並與母親交談；第四種情境是母親離開實驗室，留下兒童與陌生人相處；第五種情境是母親回來，並安撫兒童，陌生人離開；第六種情境是母親離開實驗室，讓兒童獨處；第七種情境是陌生人再次進入實驗室，並安撫兒童；第八種情境是母親再次回來，安撫兒童，並嘗試著與兒童一起玩玩具。

在這些情境中，有三類情境是最重要的。在第二種情境中，環境雖然是陌生的，意味著不安全，但由於有母親的陪伴，兒童的不安全感會削減許多。如果兒童對母親的依戀對兒童來說意味著安全，那麼他就能盡快適應陌生的環境，並開始自由探索，即玩玩具。在第四種和第七種情境中，母親離開，兒童與陌生人獨處。對於兒童來說，陌生人是一個未知的威脅，會使其產生壓力，兒童對陌生人友好安撫的接受能力也可以測驗出他對母親所懷依戀的安全性。在第五種和第八種情境中，母親回來，這是兒童與母親重聚的時刻，兒童對母親的反應會有所不同。

愛因斯沃斯透過觀察實驗兒童在這些情境中的反應，將兒童對母親的依戀關係劃分為四種，即安全型依戀、焦慮型依戀、迴避型依戀和混亂型依戀。

安全型依戀是這四種依戀關係中最健康的一種，大約占樣本的 65％。在此種依戀關係中，母親會帶給兒童心靈上的安

撫，兒童在母親的陪伴下，能盡快適應陌生環境，並與陌生人進行友好互動。當母親離開時，兒童會焦躁不安，有典型的分離焦慮；當母親回來時，兒童就會十分高興，並與母親產生身體接觸。

在安全型依戀關係中，母親的敏感性很高，她能敏銳地感受到孩子的所需，並且給出積極的回應，還能與孩子形成良性的互動。

焦慮型依戀是一種不安全的依戀關係，大約占樣本的10%。在陌生的環境中，兒童雖然有母親的陪伴，但仍表現出緊張不安，仍緊緊地與母親挨在一起，很少會主動探索陌生環境，面對陌生人的友好互動也充滿了警惕。當與母親重聚時，兒童會產生矛盾的行為，既渴望與母親靠近，又拒絕與母親產生身體上的接觸。這說明兒童此刻的心理是矛盾的，既對母親的歸來感到高興，又很生氣母親離開自己的行為。

在焦慮型依戀關係中，母親往往很容易感情用事，即不會合理控制自己的消極情緒，高興的時候能與孩子進行親密互動，不高興時就會忽視孩子，甚至將自己的不良情緒發洩到孩子身上。在這樣的養育者的照料下，孩子會產生許多矛盾的行為，會透過糾纏、哭喊等方式來吸引母親的注意，當母親沒有回應時，他們就會顯得很生氣。總之，母親在養育過程中若總是按照自己的心情來照顧孩子，或者過分溺愛孩子，或者完全忽略孩子的感受，只讓孩子按照自己的標準來，甚至會過分約

束孩子的行為，這種養育方式是不健康的。這類母親表面上看起來好像在盡力滿足孩子的需求，實際上她是完全按照自己的需求來行事，甚至可以說是一個以自我為中心的母親。

迴避型依戀也是一種不安全的依戀關係，大約占樣本的20％。在此類依戀關係中，兒童與母親的關係顯得很冷淡，不會出現親密的互動，當母親離開時，兒童也不會表現出分離焦慮。兒童能與陌生人進行交流，但有時會顯得非常冷淡。

在迴避型依戀關係中，母親往往會走兩個極端。其中一個極端是總以消極的狀態面對孩子，無法形成積極的母嬰互動關係，因此孩子會覺得母親不喜歡他，於是就對母親產生了迴避型的依戀關係；另一個極端即過度關注孩子，總是給予孩子積極的刺激，當孩子表現出疲憊時，也不會停止，孩子難以承受這種過度熱情的母親，從而表現出了迴避的狀態。此外還有一種情況，即日常照顧孩子的人不是母親，而是祖父母、保母等人。

混亂型依戀是最不安全的一種依戀關係，大約占樣本的5％。所謂混亂型依戀，就是指焦慮型依戀和迴避型依戀的結合。在這種依戀狀態下與母親重聚時，兒童可能會顯得很冷淡，也可能想靠近母親，但當母親主動與兒童接近時，兒童卻會跑開。

在混亂型的依戀關係中，兒童極有可能遭遇了忽視和虐待，從而使兒童對母親產生了一種畸形的依戀，不知道是該靠近母

親還是遠離母親。這種母親常常缺乏敏感性，而她的孩子會有十分強烈的不安全感。

擁有混亂型依戀關係的兒童長大後，也極有可能成為缺乏敏感性的養育者。一個在童年期被忽視或被虐待的人長大後，為了避免悲劇的重演，在有孩子之前，會暗暗發誓一定要好好對待自己的孩子。但在照料孩子的過程中，他總會遇到一些棘手的問題，例如嬰兒無休止地哭鬧、突然發脾氣，這些都是很常見的問題，但在缺乏敏感性的養育者眼中，這卻是很嚴重的問題，他會感覺自己被孩子拒絕了，尤其是當嬰兒顯得漫不經心時，這種被拒絕的感受會更加明顯。漸漸地，缺乏敏感性的養育者可能就會步自己父母的後塵，開始忽視或虐待自己的孩子。

在這項實驗研究中，參與實驗的兒童的年齡只有 1 歲，他們在這麼小的年齡中所展現出的不同依戀類型會影響他們長大後的性格發展嗎？一項追蹤調查研究的結果或許能給我們答案。

在這項調查研究中，研究者對一些兒童測試了他們的依戀類型，這些兒童只有 15 個月大，等這些兒童長到 3 歲半時，他們已經到了上幼稚園的年齡，研究者對他們進行了觀察。結果發現，那些能與母親形成安全依戀關係的兒童在幼稚園裡最受同伴們歡迎，而且學習能力也不錯。相反，那些沒有與母親形成安全依戀關係的兒童在幼稚園裡表現出的性格很不討喜，在加入其他同伴的遊戲時顯得很被動，基本上沒有什麼朋友，學

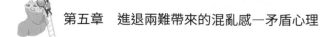

習能力也較差，他們好像對學習一點興趣也沒有。

當這些兒童長到十一二歲時，研究者再次對他們進行了觀察，是在他們參加夏令營活動時進行觀察的。研究者發現，那些與母親形成安全依戀關係的兒童在成長為青少年時，依舊很受歡迎，他們有很多朋友，社會交往技能也很強。而那些沒有與母親形成安全依戀關係的兒童在成長為青少年時，出現了許多行為問題，普遍表現為沒什麼朋友、不遵守紀律、缺乏迎接挑戰的熱情等。

又過了幾年，當這些兒童長到十五六歲時，研究者再次對他們進行了觀察，結果這次得出了與上次相同的結論。

這項調查研究說明，依戀關係對一個人的性格形成來說十分重要，甚至會影響一個人的一生。在兒童身上表現出的依戀類型，在其成年後也會有所顯現。不同成年人也有不同的依戀類型，而依戀關係同樣可以展現出一個人的性格。

安全型。此類成年人很容易與他人建立親密的關係，能安心地依賴他人，也會給他人帶來可靠感，不會擔心被人拋棄，也不擔心與他人關係太過親密。大約有60％的人屬於安全型依戀。

迴避型。此類成年人很難與他人建立親密的關係，當與人關係密切時，他會有緊張和不自在的感覺，並且很難相信和依靠他人。大約有20％的人屬於迴避型依戀。

　　焦慮矛盾型。此類成年人想要與他人建立親密的關係，尤其渴望有一個親密的伴侶，但常常擔心對方不想與自己在一起，甚至害怕自己會嚇跑對方。大約有 20% 的人屬於焦慮矛盾型依戀。

　　凡是在幼年時期沒有與母親形成安全型依戀關係的人，長大後也很容易變得性格固執、倔強，在與人相處的過程中容易惹惱對方。在親子關係中，固執、倔強的孩子往往很難得到父母的喜愛，因為太難於管教。可是父母越是採取極端的方式對其進行管教，例如毆打，那麼孩子就會變得越固執、倔強。

　　孩子的叛逆行為與親子關係之間雖然並不存在必然的因果連繫，但許多案例證明，越是叛逆的孩子，他與父母之間的關係就越糟糕。因為在親子關係中，孩子如果能從父母那裡獲得安全感，那麼他與父母之間就能形成良性的互動，他的性格就很容易與他人親近。相反，如果孩子在主動與父母互動的時候，卻被父母忽視甚至打罵，那麼他就會受傷，並漸漸開始壓抑自己真實的意願，總是做出一些違背自己意願，並且給別人找不痛快的事情來，例如叛逆行為或抬槓。

第五章　進退兩難帶來的混亂感—矛盾心理

第六章　擺脫雙親的緊箍咒
── 自我整合

被奴化和扭曲的人格

　　常言道「自古忠孝難兩全」，但在明朝著名清官海瑞身上，這兩者就完美地結合了。海瑞既是忠臣，又是孝子，可謂古代官僚的模範。但海瑞的家庭生活卻很悽慘，尤其是他的妻妾們總是遭遇不幸。

　　海瑞4歲喪父，由母親一人獨自帶大，海家三代單傳，家庭關係簡單，但自從海瑞長到娶妻的年齡後，他的家庭關係再也簡單不起來了。據說，海瑞曾有過三位夫人，納過三個小妾，年邁之時還曾娶過一個年輕漂亮的女子做妾。

　　海瑞的第一位夫人姓許，具體是海瑞在什麼年齡娶進門的，史籍上並未記載，但可以確定的是，在海瑞34歲的時候，許氏被休了。在那個年代，一個女人如果被丈夫休棄，那麼她的下場將會很悲慘。一般情況下，丈夫即使對妻子再不滿意，只要她並非犯了大錯，都不能休棄她，況且當時海瑞與許氏已經有了兩個女兒，讓許氏離開自己的骨肉，想必十分痛苦。不過兩人離婚在當時還鬧出了不小的風波，許氏還專門到衙門去狀告海瑞。

　　那麼，海瑞為什麼要休掉許氏呢？實際上，許氏並未犯下什麼大的過錯，如果真的要找個理由，那就是沒為海瑞生個兒子，畢竟海瑞是三代單傳，而在古代，無子是個不小的罪名。

但許氏還在生育的年紀，她已為海瑞生了兩個女兒，生育似乎不是問題。

所以有了另一種猜測，這種猜測也得到了許多人的認可，那就是認為許氏與海母之間存在婆媳矛盾。海瑞早年喪父，孤兒寡母相依為命，靠祖上留下的幾十畝田，勉強維持生活。海母謝氏性格剛強，對海瑞的管教十分嚴格，從不允許海瑞與同齡人玩耍，要求他刻苦學習。在海瑞長大成人並做官娶妻後，海母在海瑞的人生中依舊扮演著十分重要的角色。這是單親家庭中一種十分常見的現象。但海瑞與普通單親家庭的孩子稍有不同，他是個出了名的孝子，十分懂事聽話，是海母心中的好孩子，但卻是妻子心中不合格的丈夫。對於母親的話，海瑞從來不管對與錯，只會無條件服從，如果許氏得不到海母的認可，那麼她在海家的地位可想而知。丈夫會永遠無條件地與他的母親站在一邊，而她則一直孤立無援。

很快，海瑞就娶了新夫人潘氏。婚後不到一個月，潘氏也被海瑞休棄。

接著，海瑞娶了新夫人王氏。王氏過門後開始為海家添丁進口，一下子為海瑞生了兩個兒子，分別取名為中砥、中亮。不久之後，王氏還為海瑞生下了一個女兒。

嘉靖四十三年，海瑞被調到京城戶部任職。本來，海瑞上任後不久就應該將家眷安置到京城，但無奈海母不喜歡北方寒冷的氣候，海瑞只能獨自帶著兩個僕人到京城任職。

嘉靖四十四年，海瑞因上〈治安疏〉惹惱了皇帝，被判下獄。不久，海瑞的兩個兒子就死了，死時一個 11 歲，一個 9歲。這對海瑞和海家來說都是一個致命的打擊。

　　隆慶二年，王氏在七月的一個晚上離奇去世。海瑞對外聲稱王氏是生病死的。但人們都猜測，王氏應該是自殺身亡。在王氏去世的前 11 天，海瑞的妾侍韓氏就上吊身亡了。接二連三的家庭悲劇讓海瑞十分痛苦，他在寫給朋友的一封信中提及了自己的痛苦，說自己「每一思及，百念灰矣」。

　　其實不僅海瑞痛苦，海瑞的夫人和小妾們也很痛苦，海瑞的子女生活在這樣一個壓抑扭曲的家庭裡想必也是十分痛苦的。在姚士麟所寫的《見只編》中記載了海瑞其中一個女兒的死亡原因。海瑞有一個 5 歲的女兒，一天，海瑞看到女兒正在吃一塊餅，海瑞就問餅是誰給的，女兒回答說是家裡的男僕給的。海瑞很生氣地責罵女兒，說妳怎麼能隨便接受男僕給的食物呢？妳不配做我的女兒，妳如果餓死，那才算是有骨氣，才是我的女兒。女兒聽了海瑞的話十分傷心，哭了很久之後就開始絕食，不論家裡人怎麼勸都不吃東西。七天后，海瑞的女兒餓死了。最後姚士麟還對這個女孩進行了評價，在他看來，不是海瑞也生不出如此剛烈的女兒。與其說姚士麟是在稱讚海瑞女兒的剛烈，倒不如說是在諷刺海瑞偏執的教育。

　　隆慶四年，海瑞的退休申請獲得批准，他回到家鄉過上了閒散的生活。到了萬曆十二年，已經 72 歲高齡的海瑞重新回

到官場。據記載，當時海瑞家中一共有「二媵四僕」，媵是指側室。可見，海瑞在老年時期曾納過兩個小妾，其中一個小妾十分年輕漂亮，這也成為政敵攻擊海瑞的把柄。即使有人想為海瑞說話，也會對海瑞納妾的事情避而不談。

「人活七十古來稀」，海瑞在 70 多歲的高齡偏偏還要納一個年輕漂亮的小妾，何況他身邊本還有一個小妾。在那個年代，像海瑞這樣的官員納妾是十分常見的，但像海瑞這樣高齡的官員納妾卻並不是光彩的事情。

海瑞是明朝有名的清官，人人都知道他很窮，那麼他哪裡來的錢去納妾呢？納妾是需要一定財力的，尤其是納一個年輕漂亮的小妾。據估算，在當時想要納妾必須花上 100 多兩銀子。海瑞一生一直在不斷娶妻與休妻，以及納妾中度過，那麼他花在這上面的費用應該很多，可以說海瑞的絕大部分積蓄都花在了這上面。這讓海瑞的日子過得十分清貧。據說，海瑞死的時候窮得叮噹響，就連買棺材的錢都沒有，幸好海瑞的好友出錢買了一副棺材給海瑞，要不然海瑞連下葬都很困難。

那麼，海瑞為什麼要不斷娶妻呢？根源就在海母身上。海母的教育模式在那個年代看來十分成功，她培養出了一個清官和孝子。但海母卻是明朝有名的惡婆婆，海瑞娶了那麼多老婆，都與她相處得不愉快。

一個人想要「奴化」另一個人，聽起來匪夷所思，其實很容易做到，他只要讓這個人對自己產生責任心、愧疚感和對離開

自己感到恐懼就可以了。實際上，海母一直在利用這些手段奴化海瑞，海瑞的人格因此變得扭曲起來。對於海母來說，海瑞並不是一個獨立的人，他只是自己的私有財產，海母一直是海瑞精神世界的獨裁者。海瑞在面對海母時，十分孝順聽話，否則他就會產生愧疚感，認為自己失德，有違從小所接受的教育。

在海瑞的人生中，父親是缺席的，他在一個失衡的家庭中長大，母親是他的唯一，在他的認知中，他必須得聽母親的話，不然就是不孝。在孝道的控制下，海瑞解決家庭矛盾的方式只有一個，即休妻。

「奴化」這個詞聽起來十分可怕，但在實施的過程中卻是潤物無聲的，被奴化者會在養育者的教育下產生心理認同，認為養育者所做的一切都是為了自己好。

在電視劇中有這樣一個細節。40多歲的海瑞連正常的夫妻生活都不會享受，每天晚上都要陪著母親同屋而眠。每天晚上，海母都會讓海瑞背誦一段聖人之言給自己聽，有時候還會讓海瑞背誦《孝經》。由此可見，海母一直是海瑞精神世界的操縱者和獨裁者，海瑞一直未獲得人格上的真正獨立。當然這只是電視劇中的場景，許多人會懷疑其真實性，但從史料中記載的海瑞的種種行為，以及其妻妾、子女的悲慘生活中可以看出，海母對海瑞的操控可能有過之而無不及。

這種奴化過程，在親子關係上尤其容易發生。親子關係中，養育者與孩子之間有著很大的年齡差，當長者試圖控制幼者的

時候，年齡差會讓他帶來極大的優勢。在養育孩子的過程中，孩子由於年幼，並無成熟的是非對錯的判斷能力，所以養育者可以輕易地用愛的名義來對孩子實施控制。由於年齡和經驗上的差距，孩子就算對養育者的某些言行感到不滿、痛苦，很多時候也只能選擇接受，畢竟他們自己也解釋不清楚。

在一個人的幼年時期，母親扮演著十分重要的角色，我們會恐懼與母親分開。但隨著年齡的增長，我們的人格漸漸獨立，會明白與母親的分離是必然的，因此不再那麼恐懼，只剩下淡淡的傷感。但對於像海瑞這樣被奴化的人來說，他的一生都在恐懼著與母親的分離，因為他的人格沒有得到完善和獨立，與從小依賴的母親分離對他來說是無法接受的痛苦。

對於海母來說，能有海瑞這樣一個孝順聽話的兒子，想必日子也過得十分順心。但對於海瑞來說，他的人生簡直就是一場悲劇，毫無幸福可言。就算海瑞覺得被母親全權掌控十分痛苦，他也不會與母親分離，因為那會讓他更痛苦。為了迎合母親的一切要求，海瑞會不斷進行自我壓縮，例如他會不停地休妻讓母親快樂，從來不覺得家庭矛盾的根源出在母親的身上。

由於母親一直壟斷著海瑞的情感世界，海瑞會產生一種錯覺，即認為只有母親的愛才是最有價值的。就算海瑞娶妻生子，他也無法與妻子或孩子建立起正常的親密關係。海母在選擇兒媳時，定下的標準並不是海瑞是否喜歡，而是自己是否滿意。在母親的霸道控制下，海瑞的人格並未像正常人一樣得到

自由的發展，他成了母親的附屬品。在這樣病態的母子關係中，失去海瑞的支持和關愛的妻妾們自然活得十分痛苦，他的孩子們過得也不會幸福。

操縱帶來的快感

在奧地利作家艾爾弗雷德‧耶利內克（Elfriede Jelinek）創作的小說《鋼琴教師》（*Die Klavierspielerin*）中，女主角埃里卡（Erika Kohut）是一個鋼琴教師，她從小生活在母親的高壓控制下，她的一言一行甚至連穿著都必須得聽從母親的安排。雖然埃里卡已經年近 40 歲了，但她還是一點私人空間都沒有，她就好像母親的私有財產一樣，一切都在母親的掌控之下。

埃里卡的人生中只有母親，對於她而言，父愛是稀有而珍貴的東西，因為她的父親在她很小的時候就死在了精神病院裡。幼年時的埃里卡展現出了非凡的音樂才華，她的母親便開始傾盡全力培養她，希望她能成為一個著名的音樂家。

在音樂學院的一次重要的畢業音樂會上，埃里卡得到了一個很好的展示自己的機會，但她卻搞砸了，她的演奏大失水準，家裡也已經沒有錢再支持她去實現音樂理想了，於是她只能去當鋼琴老師。對此，母親十分失望，但她對埃里卡的控制欲望卻更加強烈了，甚至到了無孔不入的地步。有這樣一個母親，埃里卡的生活十分單調枯燥，她交往的男人極其有限，知心朋友也沒有幾個，她的生活中只有自己與母親。每當埃里卡外出時，她的母親就會催促她趕緊回家。即使埃里卡在外面，母親也會派人監視她的一舉一動。

為了擺脫被母親控制的痛苦，埃里卡開始自殘，她會獨自一人待在房間裡，然後用隨身攜帶的刀片割傷自己的手臂，接下來她就靜靜地看著鮮血從自己的傷口往外不停地流出來。

　　後來，埃里卡開始去觀看色情表演。埃里卡下班後不會直接回家，而是乘坐有軌電車到郊區的一個地方，在那裡的一座高架橋下面有一個小店，人們可以透過投幣的方式來觀看色情表演，小店裡有許多裸體女人登臺表演。來這裡觀看色情表演的都是男人，埃里卡混在其中是個另類，她會一邊看表演，一邊聽著男人們喊髒話。

　　在第二屆巴哈音樂會上，埃里卡在演奏完畢後，收到了一個長相英俊的年輕男子的告白，他送給埃里卡一枝紅玫瑰，還說他認為埃里卡是個非常美妙的女人。這個人名叫克雷默爾（Walter Klemmer），是埃里卡的學生。

　　音樂會結束後，埃里卡和母親一起走在去車站的路上。與以往不同的是，她們的身邊多了一個熱情洋溢的克雷默爾。他一路上興奮地說了許多話，甚至還大著膽子去抓埃里卡的手。埃里卡的表現卻很冷漠，她讓克雷默爾趕緊離開自己的生活，不然她的生活就會被打亂。

　　在克雷默爾之前，埃里卡也得到過其他男人的示好，但每當埃里卡準備和男人見面或約會時，母親就會馬上跳出來反對，甚至還會以死相威脅，讓埃里卡遠離那些男人。於是埃里卡只能孤獨一人麻木地活著。

　　母親還禁止埃里卡買新衣服，會趁著埃里卡不在家的時候翻她的衣櫃，一旦發現她有了新衣服就會馬上把新衣服撕毀。埃里卡一直希望能有一雙高跟鞋，母親提出只要埃里卡能掌握巴哈的獨奏奏鳴曲，就允許她買高跟鞋。在母親的威逼利誘下，埃里卡的心理開始變得扭曲起來，她會用偷竊的方式去占有一些東西，然後將其毀掉。有一次，埃里卡偷了繪畫室的水彩顏料和鉛筆等物品，然後隨手將這些東西扔到了大街上的垃圾桶裡。

　　為了迎接一次即將到來的音樂會，許多學生都在訓練大廳裡進行排練。當時，一名女學生的鼻子流血了，就讓埃里卡暫時替代自己完成排練。期間，埃里卡注意到克雷默爾在和其他女學生談笑，這讓埃里卡嫉妒不已。當流鼻血的女生回來後，埃里卡離開了大廳，接著她將一個玻璃杯踩碎，並將玻璃碎片用手帕包裹起來，放在了衣帽間裡的一件大衣的口袋裡。

　　訓練結束後，在衣帽間裡，有一名女學生的手被玻璃碎片割破，她暫時不能彈鋼琴了。一時間，衣帽間裡一片混亂，人們紛紛猜測這到底是誰幹的。而克雷默爾知道這是埃里卡在發洩自己的嫉妒之情，他在廁所裡找到了埃里卡，並一把摟住了她，用手在她的身上撫摸著，埃里卡沒有拒絕，老實配合著克雷默爾。

　　之後，埃里卡與克雷默爾展開了一段畸形的戀愛。在這段戀愛關係中，埃里卡試圖扮演如同母親一樣的角色，想要全權

控制克雷默爾的一切，就像母親控制她那樣。但克雷默爾卻對此感覺很屈辱。最終有一天，在埃里卡的刺激和暗示下，克雷默爾決定侵犯埃里卡，這一切就發生在埃里卡的家中，她的母親目睹了所發生的一切。

最初，埃里卡與克雷默爾只是在爭吵，但將埃里卡的母親吵醒了。緊接著，克雷默爾給了埃里卡一巴掌，埃里卡默不作聲；第二巴掌再次打在了埃里卡的臉上，埃里卡只是小聲地哭泣。母親看到這一切後十分吃驚，她憤怒地請克雷默爾趕緊離開，還威脅說要報警。克雷默爾將埃里卡的母親推回房間，她跌倒在地上。之後，克雷默爾開始虐待和侵犯埃里卡。埃里卡大聲哭起來，她的母親也哭了起來。事後，克雷默爾恢復了平靜，懇求埃里卡不要將這件事情說出去。埃里卡沒有報警，克雷默爾最終離開了她。

這次戀愛的慘敗收場讓埃里卡重新回到了自我封閉的硬殼之中，儘管母親勸她要多到人群中走走，好結識更多的人，但埃里卡根本做不到。她變得十分痛苦，痛苦到想要實施一次謀殺。

一天，埃里卡從廚房裡拿走了一把鋒利的刀子，並將它放在了自己的手袋裡。埃里卡在人群中看到了克雷默爾的身影，他正摟著一個女孩，笑得十分開心。埃里卡看到這個場景後並未憤怒，而是麻木地拿出鋒利的刀子刺向自己的肩膀，鮮血頓時從她的傷口中噴湧而出，之後埃里卡伸出一隻手捂住傷口便

回家了。

　　埃里卡一直生活在母親的強制和過度保護之下，母親為了將她培養成一個音樂家，從不會讓她做任何家務，因為做家事時用到的洗滌劑會對她彈鋼琴的手造成傷害，她只需要好好練習彈鋼琴就好。表面上來看，埃里卡好像一直受到母親的庇佑，活在母親的羽翼下，但實際上母親以愛的名義一直操縱著埃里卡，埃里卡的自由被母親強制剝奪了，她只是母親的奴隸，她的人生必須得按照母親的個人意志進行。

　　這種過度保護的愛對孩子來說實際上是一種傷害，它使孩子的個人意志被忽略，想法被剝奪，只會成為附屬品般的存在。埃里卡的母親看似是在無微不至地照顧著埃里卡，實際上卻是在逼迫埃里卡停止成長，埃里卡對此只會覺得痛苦和無可奈何。

　　如果一個人在成長過程中，被養育者強制地控制了一切，那麼他就無法成為一個人格自由發展的人。他無法接受自我，很容易產生心理危機，尤其是在長大成人之後，這種心理危機會變得越來越嚴重。

　　在埃里卡與克雷默爾的這段戀愛中，埃里卡雖然受到了克雷默爾的虐待和侵犯，身心受到了巨大的傷害，但克雷默爾在這段畸形的戀愛關係中也十分痛苦，因為埃里卡一直試圖操縱克雷默爾，只有這樣她才能獲得心理平衡。但很顯然，埃里卡選錯了對象，克雷默爾是個正常的男人，他能意識到埃里卡帶

給自己痛苦，並且很快讓自己擺脫了這段痛苦不堪的戀愛，重新回到原來陽光的生活中。

在強制的母愛或父愛中，愛不再以無私為出發點，而是變成了一種為滿足自己精神需求的自私的愛，母親或父親會忽略孩子真實的感受和心理需求，用自己的想法來強制安排孩子的一切。這樣的養育方式看起來似乎是盡心盡力、無微不至的，好像勞累的是父母，但實際上勞累的是孩子，父母則是享受的一方，父母能從這種強制的親子關係中體會到一種操縱的快感，在子女面前，父母擁有絕對的控制權，子女必須服從他們的意志，一切都必須按照他們的要求來。

在埃里卡年幼時，她的母親就給她選擇了人生方向，即為音樂獻身，成為著名的鋼琴家。當埃里卡搞砸後，母親開始強制女兒按照自己的意願生活，讓埃里卡過著一種教徒般的生活，不允許穿花哨的衣服，不允許在外面待太長時間，不允許談戀愛。只要埃里卡沒有按照自己規定的時間回家，那麼等待她的將是無休止的盤問，甚至是辱罵。

對於這種強制的母愛，埃里卡雖然覺得很痛苦，她不想成為母親心目中那種純潔的修女，但她很贊同母親對男性的看法。她在男人面前表現得十分冷傲，沒有男人願意和一個總是對男性抱著輕蔑態度的女人在一起，就像克雷默爾說的：「妳不能這樣侮辱一個男人。」由此可見，埃里卡的思想已經完全受其母親的影響和操控了，她常常覺得自己像個活死人一樣，她當

然會有這樣的感受，因為母親擁有她人生的絕對操控權，她就像一個木偶娃娃一樣，被母親拉扯著來演完母親給她規劃好的這場人生大戲。

埃里卡也會覺得痛苦，不甘心完全受母親的擺布，因此會時不時地做出一些挑釁母親的舉動，例如下班故意不按時回家，去看色情表演，或者自殘等。但顯然埃里卡已經適應了母親強制壓迫自己的生活，不然她也不會年近 40 歲了還與母親居住在一起，她完全可以搬出去，她有這樣的經濟能力，這樣她就可以完全擺脫母親的控制了，但她沒有這麼做，因為從心理需求上，她也需要母親的陪伴，儘管這很痛苦。

在親子關係中，嬰兒會依賴父母，因為嬰兒是那麼脆弱，除了依賴父母之外別無選擇。被依賴的父母也會因此感到滿足。但隨著年齡的增長，一個人會變得越來越獨立，越來越不需要依賴父母，於是不少父母會產生一種「孩子翅膀硬了」的悵然感。但對於強制性的父母來說，他們會讓孩子對自己產生終身的依賴感。

想讓一個人依賴自己，就必須得讓他有一定的「缺陷」。例如一個身體有殘疾的人，在日常生活中就很需要依賴另一個人。當然，強制性的父母不會故意製造身體上的殘疾給自己的孩子，他們只會讓孩子精神「殘疾」，讓他們脫離了父母的掌控就無法生活下去。例如，他們會無微不至地照顧孩子的生活，讓孩子成為一個動手能力很差的人，那麼他就永遠需要父母陪

在身邊了。這雖然會使強制性的父母產生一種內疚感，但他們
會透過某種方式來消除內疚感，即放棄自己的一些需求，全心
全意滿足孩子的需求，從而產生一種「我是個偉大的父親或母
親」的錯覺。例如埃里卡的母親會將所有的家事包攬下來。

乖乖聽話就是好孩子

　　《孔雀東南飛》是一出婚姻悲劇，劉蘭芝、焦仲卿深愛著對方，本可以好好過著平凡而幸福的日子，但因焦仲卿母親從中作梗，他們最後不得不雙雙殉情而死。對焦母來說，又未嘗不是一個悲劇。焦仲卿在決定殉情之前對母親說了這樣一句話：「命如南山石，四體康且直。」聽起來焦仲卿是在祝願母親長命百歲，但對於焦母來說，這卻是錐心的一句話。焦母將焦仲卿視為人生的全部，焦仲卿死了，她很可能也會活不下去，結果兒子臨死前卻祝願自己長命百歲。

　　「十三能織素，十四學裁衣，十五彈箜篌，十六誦詩書。」這四句話是劉蘭芝在陳述自己出嫁之前所接受的教育，她達到了封建社會對一個賢妻良母的所有要求。

　　「十七為君婦，心中常苦悲。」這是劉蘭芝在嫁給焦仲卿之後的感受。劉蘭芝是個完美的女人，她認為自己應該得到幸福的婚姻生活，但由於丈夫的忽視和婆婆的刁難，劉蘭芝的婚後生活過得苦楚、悲傷。

　　「君既為府吏，守節情不移。賤妾留空房，相見常日稀。」焦仲卿與劉蘭芝結婚後，長時間在外工作，兩人一個月中見面的日子也很有限，但焦仲卿沒有考慮到劉蘭芝獨守空房的感受。這對劉蘭芝來說本就酸楚，再加上家中還有一個處處刁難

自己的婆婆。

「雞鳴入機織，夜夜不得息。三日斷五匹，大人故嫌遲。非為織作遲，君家婦難為！」劉蘭芝每天雞叫時分便開始起床織布，一直到很晚才能休息，三天就能織出五匹布來。即便這樣，她的婆婆還不滿，總是嫌她織布的速度慢。於是劉蘭芝發出了「君家婦難為」的感嘆。最後，劉蘭芝向焦仲卿說了氣話：「妾不堪驅使，徒留無所施。便可白公姥，及時相遣歸。」意思是我受不了了，天天待在這個家裡一點盼頭都沒有，你不如休了我吧。這是劉蘭芝在忍受了一段時間後的暴發。

焦仲卿是一個廬江小吏，不聰明，也有些軟弱，他畢生的追求可能就是家庭和樂。但是很無奈，劉蘭芝是一個性格獨立、有主見的人，她不想像焦仲卿那樣成為一個任由焦母驅使的「小綿羊」，她既然從這個家中感受不到溫暖，那麼甘願決絕地離開。

聽了劉蘭芝的話，焦仲卿覺得對不起妻子，於是去找母親談話。他說：「兒已薄祿相，幸復得此婦。結髮同枕蓆，黃泉共為友。」焦仲卿一邊貶低自己，抬高妻子的身價，一邊陳述自己與劉蘭芝之間深厚的夫妻感情，表明自己要與妻子同生共死。

焦仲卿是表達了自己的肺腑之言，說明了妻子對自己的重要性，但卻加深了婆媳矛盾。焦母年紀輕輕就守寡，她將所有的情感都寄託在了兒子的身上。對焦母來說，劉蘭芝顯然是個入侵者，她搶走了自己的寶貝兒子。焦母對劉蘭芝本就存在一

種牴觸情緒，兒子的這番話更會讓她覺得自己被拋棄了，於是她將滿腔怨恨都發洩到劉蘭芝的身上。

「共事二三年，始爾未為久。女行無偏斜，何意致不厚？」這是焦仲卿接下來對焦母說的話，這句話直接將婆媳矛盾激化了，讓焦母開始有了休掉劉蘭芝的想法。焦母本就對劉蘭芝不滿，結果焦仲卿卻說要和劉蘭芝幸福地過一輩子，還問妻子明明做得很好，您為什麼就不滿意呢？焦仲卿本想為妻子說情，讓母親心寬，卻讓焦母覺得兒子在指責自己。

焦母說了這樣一番話：「何乃太區區！此婦無禮節，舉動自專由。吾意久懷忿，汝豈得自由！」由此可見，焦母對兒子維護劉蘭芝的言行十分不滿，她說兒子見識短、沒出息，是個太過看重兒女私情的人。從焦母對劉蘭芝的評價中可以看出，焦母和劉蘭芝的性格有些相似，都不願被人束縛、有些強勢。她們互相在忍受對方，早就不滿於對方的言行了，只是一直在積壓這種不滿，只等待一個時機發洩出來。焦仲卿的這番話讓焦母對劉蘭芝的不滿達到了頂點，轉化成了憤怒，給劉蘭芝安了一個莫須有的罪名——「此婦無禮節，舉動自專由」。

「東家有賢女，自名秦羅敷，可憐體無比，阿母為汝求。」焦母的心中早有了心儀的兒媳婦，鄰家的秦羅敷是個溫柔懂事的好女孩，她或許不如劉蘭芝漂亮、能幹、賢惠，但是個聽話的好孩子，不會做出忤逆焦母的行為，這才是焦母為兒子，更準確地來說是為自己挑選的滿意的兒媳婦。由於焦仲卿的話，

焦母對劉蘭芝厭惡到了極點，恨不得劉蘭芝馬上離開焦家，所以說出了：「便可速遣之，遣去慎莫留！」焦母想要讓兒子聽自己的話，休掉劉蘭芝，迎娶秦羅敷。

焦仲卿說了一句：「今若遣此婦，終老不復取。」這對焦母來說儼然是一種威脅了。焦仲卿是個有些軟弱，又有些愚孝的人，他會形成這樣的性格，與強勢的母親是密不可分的。對於焦母來說，兒子從小就是個乖乖聽話的好孩子，對自己一向唯命是從，如今卻因為兒媳劉蘭芝的出現竟開始有膽子來反抗自己。這讓焦母變得更加氣憤，於是她捶床大怒道：「小子無所畏，何敢助婦語！吾已失恩義，會不相從許！」

焦仲卿的本意是想解決家庭矛盾，卻激化了母親與妻子之間的矛盾，由於他還要趕回郡府工作，只得決定暫時將妻子送回娘家。劉蘭芝認為焦仲卿的這種做法無異於休棄，於是留給焦仲卿一些紀念物後，就離開了。但焦仲卿送劉蘭芝離開的時候，指天為證，真切地剖白心意說一定不負她，不久就將她迎回家。劉蘭芝深受感動，也發下了「君當作磐石，妾當作蒲葦，蒲葦紉如絲，磐石無轉移」的誓言，表示願意等他。

劉蘭芝在娘家待了數日後，媒人就上門給劉蘭芝說親，縣令的兒子想娶劉蘭芝為妻，但劉蘭芝婉言拒絕了。過了幾日，太守也派人上門提親，他家的五公子尚未娶妻，劉蘭芝再次婉言拒絕。劉蘭芝的態度直接將她的大哥惹惱了，大哥不顧劉蘭芝反對，強行為她訂下了這門婚事，良辰吉日就選在了三天後。

焦仲卿在劉蘭芝即將成為太守家的兒媳婦後十分著急，急忙去找劉蘭芝。兩人見面後，劉蘭芝將事情的原委一一說給焦仲卿聽。焦仲卿提到了兩人當日的誓言，最後劉蘭芝果斷地做出決定，兩人相約「黃泉下相見」，然後各自回家去了。

劉蘭芝出嫁那天，太守家熱熱鬧鬧地將劉蘭芝迎進家門。到了黃昏時分，前來道賀和喝喜酒的人漸漸散去，太守家開始變得安靜起來。劉蘭芝履行了與焦仲卿的約定，投水自盡了。

焦仲卿得知劉蘭芝自盡的消息後，在樹下徘徊了一會，也跟著上吊自盡了。最後兩人的願望終於達成，合葬於華山旁。

一個人如果生活壓力大，心情苦悶，心中就會憋著一股無名火，憋得時間長了就想要發洩出來，於是就會變得富有攻擊性。想要發洩無名火，就必須找一個合適的發洩對象，通常情況下人們都會選擇弱於自己的人作為自己怒火的發洩對象。

老闆將甲在工作中犯的錯誤安在了乙的頭上，並當著所有員工的面斥責了乙。乙被無辜錯怪，累積了一肚子火，在面對老闆和同事時，他會選擇憋著，他們都不是合適的發洩對象。於是乙下班回家後，悶悶不樂，隨便找了個理由便將無名火發洩到了妻子身上，嫌妻子做的飯太難吃。妻子感覺莫名其妙和委屈，於是開始斥責兒子來發洩怒火，說兒子今天沒有按時回家。被冤枉的兒子也十分委屈，但家中沒有比他更「弱」的人了，於是他踢了家中的小狗一腳。

在家庭關係中，攻擊常常意味著心理摧殘，通常情況下孩

子會成為父母攻擊的對象，成為父母發洩無名火的首選目標。一些父母會產生這樣的感受：「我辛辛苦苦支撐著這個家，為孩子創造良好的生活條件，我朝他發發火，自己心裡舒服一下是理所應當的，他應該用這種方式來為家庭做貢獻。」這樣的理由可以讓父母站在道德的制高點上對孩子頤指氣使。

　　就像焦母一樣，她覺得自己一個人含辛茹苦地將兒子撫養成人，兒子為她娶一個順心的兒媳婦不是應當的嗎？所以當聽到焦仲卿為劉蘭芝說情時，焦母會產生一種感覺，覺得兒子對自己大逆不道都是被兒媳劉蘭芝蠱惑的，只有將劉蘭芝趕出焦家，兒子才會重新變成以前那個乖乖聽自己話的好孩子。並且在焦母看來，自己為兒子做出了巨大的犧牲，兒子孝順聽話也是應該的。只要兒子不聽自己的話，焦母就會隨便找個理由質疑兒子孝順的品德。於是焦仲卿形成了軟弱的性格，只能對母親百依百順。

　　像焦母這樣強勢的母親，雖然將兒子看作自己活下去的意義，全副身心地關愛兒子，但實際上她最愛的人並不是兒子，而是她自己，她始終將自己的感受擺在首位。因此當劉蘭芝嫁進焦家後，她覺得自己被兒子忽視了，這是焦母最不能忍受的，於是焦母對劉蘭芝的所有言行都看不慣。

　　焦母的母愛對焦仲卿來說已經成為一種束縛，這種束縛雖然被冠以愛的名義，但實際上只滿足了焦母自己的情感需求。焦仲卿的感受則是被壓迫得喘不過氣來，「母愛」於他而言已經

變成了一種攻擊和一種難以承受的束縛。因此焦仲卿才會為劉蘭芝說情，此時的他並未意識到這是自己在試圖擺脫母親的束縛。對於焦仲卿來說，這是他獨立、成長的必然需求，他希望母親能考慮一下自己的感受。但顯然，焦仲卿的這種做法激怒了母親，焦母一時間根本無法接受那個曾經乖乖聽話的孩子變成了敢忤逆自己的男人，於是她下定決心將劉蘭芝趕出焦家。不久之後，焦仲卿便用一種極端的方式擺脫了母親對自己的束縛，即與妻子一起殉情。

如影隨形的喪失感

1926 年 6 月 1 日，瑪麗蓮‧夢露（Marilyn Monroe）出生於洛杉磯，她的原名是諾瑪‧珍‧莫滕森（Norma Jeane Mortenson）。諾瑪出生後不久，她的母親格蘭戴絲‧貝克（Gladys Pearl Baker）就去上班了。諾瑪的出生對母親來說可能是個錯誤，她從未見過自己的父親，在她出生前她的父親就帶著兩個姐姐離開了母親，從此杳無音信。

在諾瑪出生 12 天後，她被母親送到了一個寄養家庭。不過格蘭戴絲並未拋棄她，總會乘坐電車去看望女兒。或許格蘭戴絲的生活壓力很大，她看望諾瑪的次數越來越少，諾瑪也越來越失望。有一次，諾瑪像往常一樣等待母親來看她，但直到傍晚時分母親的身影依舊沒有出現。養母伊達（Ida Bolender）對諾瑪說，她不會來了。諾瑪傷心地大哭起來，伊達給了她一巴掌，並罵她壞。這段經歷在諾瑪的心中留下了深刻的印象，當她成為「全世界最性感的女神」瑪麗蓮‧夢露後，她回憶起這段經歷時，捂著臉說：「現在還痛。」

7 歲時，諾瑪被母親接回了家，格蘭戴絲用非常瘋狂的方式拿回了諾瑪的撫養權。但諾瑪只與母親短暫相處了一段時間，不久之後她的母親就因憂鬱症拿著菜刀威脅他人，被送進了洛杉磯綜合醫院，之後又被送到了諾瓦克的一所精神病院。

　　有人說，格蘭戴絲患上了妄想型精神分裂症，有人說她患上了憂鬱症。但不論格蘭戴絲患有什麼樣的精神疾病，對於諾瑪來說，都是一場劫難。格蘭戴絲總是忽然暴怒，又忽然間大笑起來，這讓諾瑪感到害怕。最後，格蘭戴絲死在了精神病院裡。對於母親的患病以及死亡，諾瑪一直有一種負罪感，她認為這是自己這個不應該出生的孩子帶給母親的懲罰，她總說自己的出生並不是一個祝福，而是一個詛咒。

　　格蘭戴絲死後，諾瑪變得孤苦無依。她的外祖母本應該是最佳撫養者人選，但她拒絕接受諾瑪這個私生女。之後諾瑪在 11 個家庭間輾轉，這 11 對夫妻都是她的養父母，但她並未從他們那裡得到過真正的父愛和母愛。諾瑪還曾在孤兒院裡待過 1 年，那裡的生活更糟糕，經常餓肚子。諾瑪成名後，她曾去一家孤兒院中訪問，觸景生情的她失聲痛哭起來，之後她向這家孤兒院捐出一筆鉅款。她說自己曾在孤兒院裡住過，知道餓肚子的滋味。

　　在諾瑪的生命中，父親一直是個空白，她渴望能像其他普通孩子一樣，有疼愛自己的父親。母親在世時，諾瑪曾問過父親的下落，格蘭戴絲告訴她：「你的父親叫 C. 史丹利・吉福德（Charles Stanley Gifford），他在聯合電影工業公司上班。」吉福德是一個有婦之夫，在格蘭戴絲懷孕後消失得無影無蹤。吉福德的前妻曾對人們說：「吉福德總和道德敗壞的女人有染。」

　　有一次，格蘭戴絲指著牆上的一張照片對諾瑪說：「這是

妳爸爸。」這個人和克拉克‧蓋博（William Clark Gable）長得很像。諾瑪成名後，她曾在一次好萊塢的宴會上遇到了蓋博，她對蓋博提起了這段往事。他們曾合作過《亂點鴛鴦譜》（The Misfits），電影拍完後，蓋博就去世了。這給諾瑪造成了巨大的打擊，她覺得好像是自己的父親去世了一樣。

最後，母親的好友葛瑞絲‧麥基（Grace McKee）收養了諾瑪。麥基是個放蕩的女人，整天酗酒。麥基曾將一個房間租給了金梅爾，這是個德高望重的男人。一天，諾瑪告訴麥基，她被金梅爾強行拖到房間裡侵犯了。麥基根本不相信諾瑪的話，畢竟金梅爾是個德高望重的男人，他怎麼會對一個年幼無辜的女孩下手呢？

後來，麥基嫁給了一個名叫歐文‧戈達德（Erwin "Doc" Goddard）的男人。諾瑪此時已經 9 歲了，她被麥基送回了孤兒院。11 歲時，諾瑪又被麥基接了回來。麥基對諾瑪不錯，她有一個好萊塢夢，很喜歡打扮諾瑪，會幫她化妝、燙髮，她對諾瑪說：「妳將來一定會很漂亮，會成為一個女明星。」諾瑪本以為她可以從此過上正常的家庭生活，直到她遭受了養父的性侵。諾瑪將此事告訴了麥基，於是麥基將諾瑪送到了姑母那裡。不幸的是，諾瑪再次遭到了姑母兒子的性侵。

1942 年，麥基準備離開家到另一個州生活，不過為了避免諾瑪給自己招惹是非，她想到了一個解決辦法，即讓諾瑪趕緊找個人嫁了。當時諾瑪只有 16 歲，她嫁給了鄰居家的兒子詹姆

斯·多爾蒂 (James "Jim" Dougherty)，這個男人比她大 5 歲。對於第一段婚姻，諾瑪是迷茫的：「麥基想要我嫁人，她不能再養我了，她決定去別的地方，我沒有選擇，於是我就結婚了。」

婚後的諾瑪變得沮喪、焦慮和歇斯底里，這讓多爾蒂難以忍受。第二次世界大戰期間，多爾蒂成了一名海軍士兵，常年在外。諾瑪為了打發無聊的時光，經常到外面喝酒，還與許多男人保持著不正當關係。

1944 年，諾瑪 18 歲，她被一個攝影記者大衛·康諾弗 (David Conover) 發掘。當時康諾弗是美國軍方攝影師，他正在尋找合適的模特，然後為她們拍攝一些照片，照片會在軍方的一本雜誌上發表，目的是鼓勵前線士兵。當康諾弗看到諾瑪後，他十分驚喜，覺得她十分適合當模特，有明星潛能。於是康諾弗為諾瑪拍攝了一組和飛機相關的照片。

雖然這組照片並未被刊登，但諾瑪卻從此開始了她的模特生涯，在康諾弗的推薦下，諾瑪成了藍皮書模特經紀公司的模特。做了一年多的模特後，諾瑪被福克斯電影公司看中，她拿到了第一份電影合約，開始拍攝電影，並取了一個藝名 —— 瑪麗蓮·夢露。這一年，瑪麗蓮與多爾蒂解除了婚約，結束了她的第一段婚姻。

一年後，瑪麗蓮被解僱了。她沒了工作，也沒有積蓄，為了活下去以及支付上戲劇課的費用，她只能經常出沒在好萊塢的大街上拉客。

1947 年，瑪麗蓮成了電影製片人約瑟夫‧申克（Joseph M. Schenck）的情人，申克當時已經 69 歲了，瑪麗蓮只有 21 歲。瑪麗蓮希望申克幫助自己成為電影明星，她渴望成名：「當我看到好萊塢頒獎晚會時就在想，一定會有成千上萬個像我這樣的女人渴望成為好萊塢明星，但我並不擔心她們超過我，因為我的渴望最強烈。」

　　有些電影明星利用名氣撈錢，但瑪麗蓮卻只想成名。瑪麗蓮死後，許多人都以為像她這樣風靡全球的女明星應該有許多存款。但讓人們吃驚的是，瑪麗蓮的財產只有一棟房子和少許的珠寶、存款。

　　或許對於瑪麗蓮來說，她一生所求的就是名氣。有了名氣就意味著有了影響力，就可以吸引許多人，產生一種被所有人注意的感受。這是一種補償心理的表現，瑪麗蓮從小父愛缺失、母愛匱乏，在數個寄養家庭中輾轉，反覆被拋棄，後來還遭受了性侵。她被一種喪失感籠罩著，於是為了消除這種喪失感，她放大自己的優勢，追求優越，追求眾人的目光。

　　幾個月後，瑪麗蓮得到了一次拍攝電影的機會，這是一部色情片。電影上映後不久，瑪麗蓮就在住所遭到了一個陌生男子的侵犯。警察接到報警後趕到瑪麗蓮的住所，瑪麗蓮指證其中一名警察，說他就是強姦犯。但沒有人會相信瑪麗蓮這個已經「臭名遠揚」的女人，這件事情最後也不了了之了。

　　1949 年，瑪麗蓮開始為一本年曆當裸體模特兒。在那個年

代，瑪麗蓮此舉引起了不小的**轟**動，幾乎斷送了她在好萊塢的前程。

1951 年後，瑪麗蓮開始飛黃騰達，她慢慢成了人們眼中性感的象徵，成了舉世聞名的性感女神。1953 年，瑪麗蓮成為《花花公子》雜誌上的裸體模特兒，之後瑪麗蓮接連拍攝了許多電影，她開始大紅大紫，她出演的 23 部電影創造了 20 億美元的票房，讓許多男人為之神魂顛倒，她平均每週能收到 5,000 封求愛信。

瑪麗蓮為了讓自己變得更加完美，開始透過醫學手法來彌補自己身體上的缺陷，例如墊高鼻子、漂白牙齒、將頭髮染成金色。

風光無限的瑪麗蓮有一顆極其不安、極其匱乏的心，她在公共場合說話時總會語無倫次，她十分害怕以自己為中心的拍攝場面，這會讓她緊張到嘔吐。當瑪麗蓮接到重要的電影角色時，她就會非常害怕。

瑪麗蓮希望自己能盡善盡美，得到所有人的喜愛，十分害怕別人對自己的負面評價，擔心在眾人面前出醜。這是一種非常病態的追求，會為自己的心理帶來極大的負擔和壓力。與此同時，瑪麗蓮的婚姻感情生活也開始出現麻煩。

瑪麗蓮的第二任丈夫是著名的棒球明星 —— 約瑟夫·迪馬喬（Joseph Paul DiMaggio），他比瑪麗蓮大 12 歲，因在聖誕節前夕送給她一棵聖誕樹而贏得了性感女神的芳心。隨後瑪麗蓮就

和迪馬喬結婚了，他們的婚姻在美國引起了轟動。但不到 10 個月，瑪麗蓮就和迪馬喬簽署了離婚協定。因為婚後不久，他們就開始不停地爭吵，迪馬喬不希望瑪麗蓮繼續在外拋頭露面，甚至還對瑪麗蓮大打出手。

　　30 歲時，瑪麗蓮嫁給了阿瑟·米勒（Arthur Asher Miller），一個年長她 20 多歲的男人。米勒是個知名的作家和劇作家。瑪麗蓮會嫁給米勒，是因為她覺得米勒有學識，除了愛因斯坦外，她覺得最有學識的男人就是米勒了。米勒則喜歡瑪麗蓮的熱情和性感。在與米勒的五年婚姻生活中，瑪麗蓮曾兩次懷孕，但都以流產告終，最終醫生告訴她，她再也不可能懷孕。這段婚姻依舊十分糟糕，瑪麗蓮與米勒常常發生爭吵，她的精神狀態也變得越來越糟糕，她開始服用一些鎮靜劑之類的精神藥物。這段婚姻依舊以失敗而告終。

　　1955 年，瑪麗蓮開始接受心理分析治療，她看過許多精神科醫生，有時候一週要預約 5 次精神科醫生，見醫生比見丈夫的次數還多。頻繁的治療並未取得良好的效果，瑪麗蓮變得更加焦慮，對藥物的依賴也越來越嚴重，甚至不服用安眠藥都無法入睡。

　　糟糕的精神狀況讓瑪麗蓮在工作時開始變得力不從心，她常常遲到，有一次，瑪麗蓮缺席拍攝 28 天，導致劇組因為她多耗費了 100 萬美元。這使瑪麗蓮的多份電影合約被解除。即使瑪麗蓮能按時到場進行拍攝工作，她也會常常忘記臺詞，這讓

與她合作的演員和導演都十分痛苦。再加上瑪麗蓮的年齡在不斷增長，她開始被更多年輕的性感女明星所取代。

瑪麗蓮的一生與許多男人有過情感糾葛，包括當時的美國總統約翰·甘迺迪（John Kennedy）。但瑪麗蓮卻從未感受過被愛，這些男人只喜歡性感美麗的瑪麗蓮，而不是那個孤獨的諾瑪。當然，原因也不能全都怪罪到瑪麗蓮的丈夫和情夫們身上，瑪麗蓮在處理兩性關係時本就存在很大的問題，或者說她根本不知道該怎麼和一個男人建立穩定、長久和親密的關係。這與瑪麗蓮糟糕的童年經歷密不可分。

一個人的童年經歷會影響他的一生，如果他沒有從父母那裡學會如何與人相處，那麼在他成年後，在人際關係的處理上也會手足無措。瑪麗蓮從小生活在一種極端寬鬆、缺乏關愛的環境中，她渴望母愛、父愛，但卻遭到了拒絕，她甚至從未見過自己的父親。雖然瑪麗蓮曾與母親一起生活過一段時間，但她也很少感受到母愛，她曾說過：「我不相信母親真的想要我。母親說如果我出生的時候就死了，日子會變得好過很多。雖然母親早就離開了我，但悲傷卻一直伴隨著我。」

一個人如果從小生活在一個冷漠、沒有人關心的環境中，那麼他會體驗到一種喪失感，會想要過度的補償，會想要緊緊依靠一個人，這個人通常是他的配偶。瑪麗蓮曾那麼渴望父愛，她在 16 歲那年試著給生父打電話，但她的生父連電話都不接，直接讓自己當時的妻子告訴瑪麗蓮：「他不想與妳見面，

他建議，如果妳不滿，可以去找他的律師。」得不到母愛與父愛的瑪麗蓮開始希望能從一個男人那裡得到自己這麼多年缺失的愛，她渴望有個男人愛她，她也會全心全意地愛他，但她窮盡一生都沒能找到這個人。瑪麗蓮找了那麼多男人，結果這些男人都無法滿足她的這種心理需求，她開始對男人喪失了希望：「我的父親在我出生前就逃得無影無蹤了，我還能指望其他男人嗎？」

1962 年 8 月 4 日，瑪麗蓮被人發現死在了自己的臥室內，她全身赤裸，身旁放著一個安眠藥瓶。法醫認定瑪麗蓮死於自殺，她曾對人說過：「我是那種被人發現死在空空蕩蕩的臥室中的女孩，手中拿著空空蕩蕩的安眠藥瓶。」瑪麗蓮的臥室裡有一架破舊的鋼琴，這是她母親在被送進精神病院前購買的，在窮困之時，這架鋼琴曾被她賣掉，在有錢後，她又將鋼琴買了回來，這是她的童年禮物。

華生的教育成果

20 世紀，行為主義心理學流派風靡一時。在行為主義者看來，想要了解和控制人的心理，就必須從人的行為入手。如果一個人的某種行為得到強化，那麼該行為再次出現的可能性就會增加；相反，如果某種行為伴隨著懲罰，那麼該行為再次出現的可能性就會降低。行為主義心理學流派的觀點在當時產生了很大的影響，影響了許多政策和實踐，例如教育政策等。

提起行為主義心理學流派的代表人物，人們通常會想起巴夫洛夫 (Ivan Petrovich Pavlov)、桑代克 (Edward Lee Thorndike)、史金納 (Burrhus Frederic Skinner) 等人，這些人提出的觀點在心理學界引起了很大的轟動。同樣地，約翰·華生 (John B. Watson) 在傳播行為主義心理學思想上功不可沒，他是個天才兜售者，在傳揚自己的觀點時極具煽動性，能輕易吸引人們的注意力。想要讓一種新的理論學說在社會上掀起一股浪潮，最需要的就是華生這樣的人。

1878 年，華生出生了，他們家共有六個孩子，他排行第四。華生的父親是個小農場主，名聲不佳而且脾氣火暴；母親是個虔誠的教徒，將日子過得十分節制，她反對喝酒、吸菸和跳舞。母親希望華生將來能成為一名牧師。父母二人迥異的生活方式，導致華生的童年備受折磨，他面對的是兩種完全不同的成人模式。

13 歲時，華生的父親離開了他們，他和別的女人私奔了。這造成了華生終身的心理陰影，他憎恨父親的無情，一直沒有原諒父親，即使後來華生功成名就，他依舊拒絕去看望垂垂老矣的父親。母親為了生活只能賣掉農場，帶著孩子們到鄉下居住。那段時光對華生來說十分黑暗，他常常被同學嘲笑，他的學業成績也不好，從來沒有一門功課及格過。在老師的眼中，華生是個很糟糕的學生，不聽話，還懶，而且他與自己的父親一樣，有暴力傾向，在和同學玩拳擊時將對方打得血流滿面。

　　年齡稍大一點後，華生決定改變自己的命運，他不想成為一個農夫，他發誓要出人頭地。於是華生寫了一封信給教會機構學院的院長，希望能申請一個入校學習的機會。院長與華生見面後，對他的印象不錯，就讓他入校學習。按照母親的願望，華生開始學習牧師專業，但由於性格叛逆，他最後放棄了宗教職業。

　　在同學們眼裡，華生是個很另類的人，他性格孤僻，不愛與同學們一起玩。與之前的懶惰不同，大學期間的華生學習非常努力、認真，他將自己的課程安排得滿滿的，包括聖經研究、希臘文、拉丁文、數學和哲學，他的學業成績也非常出色。

　　華生最喜歡哲學課程中的心理學，他在老師的建議下拜讀了馮特（Wilhelm Maximilian Wundt）、詹姆斯（William James）等大師的著作。對於自己的老師，華生非常尊重他，但他骨子裡的反叛卻讓老師很頭疼。老師曾警告過他的學生們，說如果

他們遲交論文，就會面臨成績不及格延期畢業的局面。華生根本不在意老師的警告，結果老師真的給了他一個不及格，為此華生在學校裡多待了一年。

畢業後，華生在一所學校裡教書，這所學校只有一間教室，老師、校長、門衛、雜務等全部由華生一個人承擔。不過華生的課很受學生們的喜愛，他還會訓練老鼠在課堂上表演雜技。一年後，華生結束了自己的教書生涯，他想要繼續學習深造。

華生直接寫了一封自薦信給一所大學的校長，還拜託之前學校的院長幫他寫推薦信。華生成功申請到進入大學攻讀研究生的機會，而且還獲得了獎學金。於是華生帶著自己的全部家當 50 美元來到了學校裡。此時華生的母親已經過世，父親依舊毫無消息。

華生最初選擇的科系是哲學，修習杜威（John Dewey）的課程。很快，華生就轉系了，他意識到自己真正喜愛的是心理學。華生在學校的日子過得並不輕鬆，他一邊努力讀書，一邊找各式各樣的兼職來養活自己。華生在寄宿處當過侍應生，也在動物實驗室當過飼養員，專養老鼠。由於生活拮据，華生曾一度焦慮到失眠。

25 歲時，華生博士畢業並留校，成了實驗心理學的助教。華生在工作中表現得十分出色，兩年後升為講師，又過了兩年升為副教授。30 歲時，華生被授予心理學教授職稱，他再也不用為錢發愁了。

1912 年，華生在心理學大會上提出了「行為主義者」一詞。一年後，華生發表了一篇文章，這意味著心理學界一個新的流派誕生了。

　　後來華生因為「雷納事件」和「離婚風波」在學術界變得臭名昭彰，此時的他早已在校長的要求下辭職了。由於媒體的大力渲染，華生成了一個引誘年輕美麗的女助手、背叛妻子和家庭的人。事情是這樣的：1904 年，華生與自己曾經的一名學生瑪麗結婚，瑪麗的父親是前內政部長。婚後，瑪麗為華生生了兩個孩子。在這段婚姻中，華生一直與許多女性保持著曖昧的關係。華生相貌英俊，在上學期間就很受女孩子的喜歡，再加上此時的華生在心理學界正風生水起，自然得到了許多女人的青睞。瑪麗雖然知道華生的一些風流韻事，卻並未進行干涉，直到華生與一名年輕美麗的女助手雷納在一起後，華生經常與雷納出雙入對，而且長時間不在家。瑪麗一直在容忍，後來她無意間發現了華生與雷納之間的情書，這讓瑪麗倍感威脅，於是決定採取行動。

　　瑪麗本想挽救婚姻，希望華生能重歸家庭，此事能悄悄解決，不然華生可能會因桃色事件而被取消教授頭銜。但瑪麗犯了個錯誤，她將情書拿給了她的兄弟看。這個男人是一個唯利是圖的人，隨即拿著情書向華生和地位顯赫的雷納家族索要錢財，被拒絕後，情書落到了校長的手中。

　　1921 年，華生與瑪麗離婚，他們的離婚事件在當時被刊登

在報紙頭版上。雷納的叔叔當時是參議員，還因這一事件而受到牽連。10 天後，華生與雷納結婚。

不久，華生進入廣告公司工作，他將心理學知識與行銷技術完美地結合在一起，幾年後他就成了該公司的副總裁。在此期間，華生雖然不再進行心理學研究，卻還在做和行為主義相關的講座、著述。直到 1930 年，華生才徹底告別了心理學，他買房置地，過上了農場主的生活。

雷納在 30 多歲時因感染痢疾而身亡，這讓華生十分心痛。從那以後，儘管華生與許多女人保持著曖昧關係，卻再也沒有結婚。

瑪麗為華生生下了一兒一女，雷納為華生生了兩個兒子，華生一共有四個孩子。身為一個行為主義大師，華生的教育方式自然會完全貫徹自己的理論。他的兩任妻子也曾質疑過華生的教育理論，卻不得不聽從華生的要求按照該理論對待孩子，畢竟她們是行為主義大師的妻子。

在華生看來，在教育孩子時根本不必投入感情，只需要塑造孩子的行為就可以了，不然過多的感情付出會把孩子寵壞。華生之所以堅持這樣的教育理念，與他自身的經歷密不可分。華生從小並未得到過足夠的父愛、母愛，但他卻獲得了成功，30 多歲就做了美國心理學會的主席。但華生忽略了一點，他的個人經歷並不具有普遍性，他本身就是一個很特別的孩子，從小精力充沛而且叛逆。或許華生不需要父母的情感付出也能很好地生活下去，但絕大多數的孩子卻並非如此。

事實證明，華生的教育理論並不實用，看看他的四個孩子就知道了。華生的女兒波莉自殺未遂；兒子約翰沒有工作，長期在外流浪，偶爾回家看望華生，也只是伸手要錢，而且 40 多歲就死了；兒子威廉與華生的關係十分糟糕，之後他斷絕了與華生的父子關係，後來自殺身亡。與這三個孩子相比，詹姆士算是華生最正常的一個孩子了。

　　在當時，華生的教育理論十分盛行，他受到了許多育兒專家和父母的喜愛，畢竟當時女性的地位剛剛得到提高，她們要外出工作證明自己。她們很忙，根本沒有閒暇時間與孩子建立親密的關係，所以她們十分贊成華生的理論，認為在照顧孩子的過程中如果投入大量的情感，會導致孩子長大後出現各種問題。她們會按照華生的建議，盡量少親吻和擁抱孩子，在她們看來那是溺愛孩子的表現。

　　心理學家哈利·哈洛（Harry F. Harlow）進行的著名的恆河猴實驗證明了華生教育理論的錯誤。在當時，哈洛曾受到許多人的非議，大量猴子遭到了他的摧殘。但是哈洛的實驗卻證明了華生等行為主義者育兒理念的錯誤。實驗結果直接證明，在孩子的成長過程中，愛比食物更重要，母親與嬰兒需要透過身體的親暱和接觸來表達愛意，足夠的愛意才能讓孩子健康成長，避免一些心理疾病的產生。因此愛對一個人的成長至關重要，嬰兒並不是只需要被餵飽就可以了。不過在當時，哈洛的觀點卻被精神分析學界和人類行為研究的大師們排斥。

給人格一個重塑的機會

　　情感勒索者往往會以愛的名義對他人進行索取，很少有人能受得了這種勒索，除了勒索者的孩子，他們因難以拒絕而選擇承受。當被勒索者是自己的孩子時，勒索者就占據了年齡和親情上的優勢。不論勒索者在現實生活中的狀況如何，他遠比一個孩子要擁有控制力，畢竟被勒索者比勒索者少了很多年的生活經驗。

　　被勒索者在這樣類似於奴化教育的環境下長大，他逐漸喪失獨立性和完整性，漸漸地成為勒索者的附屬品，他會認為勒索者所做的一切都是為了自己好，因為這是勒索者教給他的。勒索者往往會說：「我這麼做是為了你好。」

　　在這樣的環境下長大的孩子，很難形成獨立的性格，隨著年齡的增長，他會被挫折、孤獨、自卑和屈辱的感受籠罩，卻很難做出改變。因為改變的過程同樣是痛苦的，相當於他的整個內心世界都崩塌了。

　　對於被勒索者而言，他想要做出改變就必須為自己尋找一個感情寄託，將勒索者排除於自己的感情生活之外，從而完成人格的重塑。這個過程十分痛苦，就好像剔除腐肉一樣。可是當痛苦過後，被勒索者就能從勒索者的陰影中走出來，並主動與他人建立起正常的親密關係，如同創傷處長出了新肉。

與雙親之間的互動

　　小惠的童年過得並不順利，她經常被父母送到親戚家寄養。小惠的父母經常發生爭吵，有時候甚至會動手打架，他們似乎無力關心小惠。小惠在這樣的環境中長大，渴望自己將來結婚後能有一個穩定、快樂的家庭，為此她還報名學習做菜，因為她覺得這項生活技能能幫助她組建一個幸福的家庭。

　　後來，小惠嫁給了一個獨生子，她的丈夫從小在溺愛的環境中長大，是個自私、不合群的男人，他之所以和小惠結婚，是因為他想要一個人來照顧和崇拜他，他根本不是小惠心目中理想的另一半。這個男人並不喜歡家庭生活，更別說和小惠一起努力組建一個幸福的家庭了。

　　由於雙方所期望的家庭生活相距甚遠，他們總是產生矛盾和問題。這對夫妻解決問題的方式也很拙劣，小惠會惡毒地訓斥甚至詛咒丈夫，丈夫則表現得非常冷漠，常常離開家到外面透氣，甚至搞出了婚外情。後來，小惠陷入了如同父母當年一樣的境地，經常和丈夫吵架，她的女兒根本無法從父母那裡感受到溫暖，女兒有了和小惠當年一樣的願望，渴望有一個穩定、幸福的家庭。

　　父母對一個人的成長至關重要，雙親是一個人來到這個世上最先認識和依賴的人，能與父母進行良好的互動，嬰兒才能

健康成長，並且從父母那裡學習如何與人相處，如何與一個人建立起親密的關係。

如果一個人像上述案例中的小惠一樣，從小生活在一個充滿爭吵、不穩定的家庭中，那麼他就無法從父母那裡獲得健康成長所需的關愛和安全感，隨著年齡的增長，他會慢慢開始幻想，渴望將來有一個人能填補自己心靈上的匱乏，渴望有一個理想伴侶能幫助自己脫離苦海。也就是說，一個人如果無法與父母建立起親密的關係，那麼他就會渴望從伴侶身上得到這份愛。

不幸的是，現實中的伴侶往往很難與理想中的伴侶相吻合。小惠自以為能從丈夫那裡獲得自己所缺乏的關愛，但丈夫根本無法滿足她，他並不是她理想中的丈夫。所以她變得憤怒、沮喪、失望，甚至覺得丈夫應該為此負責。於是她開始指責丈夫，兩人漸漸開始攻擊對方。最終，小惠走上了她父母的老路，而她的女兒也變成了另一個「她」，懷著美好的期望等待未來丈夫的救贖，卻不知是否又會陷入另一場惡性循環。

電子書購買

爽讀 APP

國家圖書館出版品預行編目資料

怪癖心理學，解開矛盾與混亂的心靈：透過自
戀行為與內心掙扎的心理分析，解析不同行
為的背後動機，破解心理困局 / 李娟娟 著 . --
第一版 . -- 臺北市：崧燁文化事業有限公司，
2024.08
面；　公分
POD 版
ISBN 978-626-394-633-0(平裝)
1.CST: 精神分析 2.CST: 人格心理學
173.75　　113010940

怪癖心理學，解開矛盾與混亂的心靈：透過自戀行為與內心掙扎的心理分析，解析不同行為的背後動機，破解心理困局

臉書

作　　　者：李娟娟
責任編輯：高惠娟
發 行 人：黃振庭
出 版 者：崧燁文化事業有限公司
發 行 者：崧燁文化事業有限公司
E - m a i l：sonbookservice@gmail.com
粉 絲 頁：https://www.facebook.com/sonbookss/
網　　　址：https://sonbook.net/
地　　　址：台北市中正區重慶南路一段 61 號 8 樓
8F., No.61, Sec. 1, Chongqing S. Rd., Zhongzheng Dist., Taipei City 100, Taiwan
電　　　話：(02) 2370-3310　　傳　　　真：(02) 2388-1990
印　　　刷：京峯數位服務有限公司
律師顧問：廣華律師事務所 張珮琦律師

-版權聲明

定　　　價：350 元
發行日期：2024 年 08 月第一版
◎本書以 POD 印製
Design Assets from Freepik.com